高希中 ○ 著

中华文化与历史理论

散论

中国社会科学出版社

图书在版编目(CIP)数据

中华文化与历史理论散论/高希中著 .—北京：中国社会科学出版社，2023.5
　ISBN 978-7-5227-2168-2

　Ⅰ.①中…　Ⅱ.①高…　Ⅲ.①中华文化—研究　Ⅳ.①K203

中国国家版本馆CIP数据核字(2023)第119021号

出 版 人	赵剑英
责任编辑	马　明　邰淑波
责任校对	刘文奇
责任印制	王　超

出　　版	中国社会科学出版社
社　　址	北京鼓楼西大街甲158号
邮　　编	100720
网　　址	http://www.csspw.cn
发 行 部	010-84083685
门 市 部	010-84029450
经　　销	新华书店及其他书店

印刷装订	三河市华骏印务包装有限公司
版　　次	2023年5月第1版
印　　次	2023年5月第1次印刷

开　　本	710×1000　1/16
印　　张	13
字　　数	203千字
定　　价	69.00元

凡购买中国社会科学出版社图书,如有质量问题请与本社营销中心联系调换
电话:010-84083683
版权所有　侵权必究

目　　录

绪　论 ………………………………………………………………（1）

第一章　中华文化蕴含当代历史研究的有益智慧……………（8）
第一节　"中道"对破除二元对立思维的意义 ………………（8）
第二节　人文与科学：善恶褒贬再认识 ……………………（16）

第二章　史学传统中富有启示的思想资源……………………（30）
第一节　文化实践视域下《大学》"格物"释义辨析 ………（31）
第二节　明德：印光"劝善"思想研究 ………………………（42）
第三节　民国时期马克思主义史学的"经世"取向 …………（61）
第四节　"天人合一"对瘟疫史研究的思想价值 ……………（72）

第三章　敬畏历史……………………………………………（90）
第一节　历史意识：流芳百世与遗臭万年 …………………（90）
第二节　善恶轴心论：以《史记》为中心 …………………（100）
第三节　南昌西汉海昏侯文化释读
　　　　——以刘贺墓发掘为例 …………………………（113）

第四章　中华文化与新时代历史研究…………………………（128）
第一节　文化自信与新时代历史研究中国本土化转向 ……（128）

第二节　中华优秀传统文化对新时代历史研究的思想价值
　　　　　——兼评历史虚无主义 ……………………（149）
　　第三节　发挥史学"明德"功能，引领时代新风尚 ………（161）

第五章　结论：以史问道 ……………………………………（169）
　　第一节　叩问学术情怀 ……………………………………（169）
　　第二节　叩问人心：本来无一事，谁在惹尘埃 …………（172）
　　第三节　叩问道心："著述者之心术" ……………………（180）

参考文献 ………………………………………………………（189）

后　记 …………………………………………………………（205）

绪　　论

本书旨在从中华文化的视域切入历史理论的探讨。不论是中华文化还是历史理论,都是极具思想性和理论性的宏大题目,将二者结合,无疑更是一个宏大的主题。对此,本人学识和功底皆非能及,所以只能凭自己的旨趣去"探索",而且"探索"也仅是初步。孔子言:"我欲载之空言,不如见之于行事之深切著明也。"① 鉴于此,本书尝试聚焦某些具体问题,而非致力于纯粹从理论的角度去研究。"一花一世界,一叶一菩提。"如果通过具体问题的探讨,能够帮助人们透视或洞见中华文化与历史理论之间的要义,并见之于行,也就达到了本书所期。

一　问题的提出

时代性是历史学的重要特征,每个时代的历史研究都被打上深深的时代烙印。近些年尤其是党的十八大以来,中国学术本土化大势形成,国内外诸多学者对中国优秀传统文化的当代价值做了不少的总结,历史研究的中国本土化呼声日高,也不断走向深入,这都为本书提供了重要的参考和学术积累。例如,对改革开放以来我们国家、社会、学术研究取得的成就及面临的主要问题,郑永年的系列论作从国际局势、社会现状、道德价值、话语体系、文化软力量等角度进行了系统深入的阐述。②

---

① (汉)司马迁:《史记·太史公自序》,中华书局1982年标点本,第3297—3298页。
② 郑永年:《重建中国社会》,东方出版社2016年版;《中国的知识重建》,东方出版社2018年版;《中国的文明复兴》,东方出版社2018年版;等等。

对历史研究本身取得的成就及存在的问题，王学典《把中国"中国化"》、李振宏《当代史学平议》等大作，有精到的认识和分析。①

就历史学本身而言，当前一个值得注意的问题，就是历史理论研究的弱化。改革开放以来，我国的历史研究取得了举世瞩目的重大成就，但其中也有值得注意的问题，其中之一就是历史理论研究的不足乃至缺失。在20世纪80年代初，史学界将"历史理论"与"史学理论"作出明确区分并达成共识：将以客观历史进程为对象的理论研究看作是"历史理论"，把以历史学、历史研究活动本身为对象的理论研究看作是"史学理论"。将"历史理论"与"史学理论"加以区分，旨在提醒人们要关注史学本身的问题，以更好地促进对历史的认识和把握。但在各种因素的综合作用下，研究出现了某些偏差，即"历史理论"的探讨被冷落，有关历史进程本身的一系列重大问题被束之高阁、乏人问津。例如，不论从时间上还是内容上，对中国历史发展的内在逻辑把握不够；不论是在理论上还是在思想上，对中华文化的认识和研究不够。时至今日，历史理论的弱化乃至缺失，已成为制约当今历史研究的一个主要瓶颈。除了极少数学者的呼吁外，对这个问题的初步改观开始于2019年1月中国社会科学院中国历史研究院及其历史理论研究所的成立。

随着时代的发展变换，一代有一代之学术。对历史而言，研究客体无从变化，但时代在变化，时代主题在变化，研究主体也发生了变化。不同时代的研究主体，根据不同时代所面临的时代主题或社会重大问题，需要基于学术从历史中汲取过往的经验、教训和智慧，以发挥史学的淑世功能。尽管形式与具体内容在不同时代各有不同，各具特色，但发挥史学淑世的功能不变，这在中国古代尤其突出和明显。当然，这并非强调每位历史研究者都应如此。客观历史恒定在过往的时空，但在不同时代的不同学者身上却有着不同的旨趣。对历史的认

---

① 王学典：《把中国"中国化"》，上海人民出版社2017年版；李振宏：《当代史学平议》，社会科学文献出版社2015版。

识、理解或阐释，他们之间虽可能有共识，但绝无完全的一致。在新时代历史研究向中国本土转换和中华优秀传统文化复兴之际，本书基于某些问题的具体研究，一方面努力尝试厘清其中蕴含的文化思想，提炼中国史学的文化精神；另一方面希望能够以此为当今史学研究和社会提供有益借鉴。

二 主要内容及思路方法

本书旨在立于当今新时代的高度，结合中国历史和社会现实，汲取国内外学术界相关研究的最新成果，探寻某些具体历史理论问题的文化根脉、历史根基、思想渊源、人文精神，揭示中国历史的内在精神气韵。

（一）主要内容

本着求真、明理、显道、济世、安邦的宗旨，主要内容围绕以下四个方面展开。

第一，中华文化蕴含当代历史研究的有益智慧。例如"中道"对破除二元对立思维的意义，基于中华文化和历史学的人文属性，再次深入探讨善恶褒贬的文化精神及文化意义。

第二，挖掘中国史学传统中有利于当今历史研究的思想资源。例如，针对中华文明的根基和根脉问题，从文化和实践视域辨析《大学》"格物"释义。再如，以印光法师"劝善"，彰显"明德"的文化意义和现实意义。同时，从革命与学术角度，阐述民国时期马克思主义史学对传统史学"经世"取向的继承和发展。再就是，基于对2019年年底至2022年年底的新冠疫情在全国和全球的肆虐，及其对社会、国家和全球所造成的严重危害，阐述中华文化中"天人合一"思想对瘟疫史研究及其对社会现实、生态保护的思想价值。

第三，结合中国人自古特有的历史意识，以善恶为轴心的文化传统，南昌海昏侯刘贺墓的发掘，阐述在我们的文化传统中为何"敬畏历史"的问题。

第四,结合新时代历史研究中中国本土化转向,文化复兴思潮的兴起,探讨中华优秀传统文化对新时代历史研究的价值和意义。例如,文化自信与新时代历史研究中中国本土化转向的内在关联,中华优秀传统文化对新时代历史研究的思想价值,以及发挥史学"明德"功能引领时代新风尚的问题。

(二)创新之处

本书紧紧围绕中国优秀传统文化与历史理论的内在关联,期望在一些具体重要问题上有所推进。

第一,突出问题意识,针对具体问题细细梳理材料。在前人研究的基础上,以时间为主线,聚焦前人研究或争论的主要"问题",分析观点的异同及其原因,凸显相关问题的现代学术价值。

第二,在思想、逻辑、语言上注意宏观与长线思维,勾连过去、现在和未来。将学术史置于广阔的社会史背景中进行评述,挖掘相关历史理论问题的历史根源和文化根基。

第三,立足于中国历史实际及文化传统,以坚实的学术性为根基,以重大现实问题为鹄的,重视史学的淑世功能。当前,世界又一次站在历史的十字路口,具有极大的不稳定性和不确定性,同时,中国特色社会主义建设已进入全面深化改革的新时代。因此,本书努力从具体问题着手,彰显中华文化智慧。

(三)思路方法

第一,研究重点,揭示中国优秀传统文化与历史理论之间的内在关联。最近几十年来,历史研究中"人"及"人心"的缺失是一大问题。本书基于中华文化重视人及心学的优良传统和深厚积淀,基于具体史实,探讨历史研究中人与人心的问题,这也是本书"问道"的目的。例如,中华文化确立了一整套由己到天下的价值系统,也就是《大学》所彰显的格物、致知、正心、诚意、修身、齐家、治国、平天下。值得注意的是,这套系统并不是一个单一的过程,而是双向的,不仅相辅相成,而且相反相成。即孟子所说的,"行有不得者皆反求诸己"。这是除了伦理、道德、价值之外，优秀传统文化给予我们的一个重要思想，尤其是对当今注重物质追求的人们和社会。

第二，研究难点。如何从绵延五千多年的中国文化、历史现象、历史线索中，探寻中国历史的内在逻辑、核心内容、基本特点，这是本书的难点所在。其一，在文化与思想层面探讨历史理论问题，需要渊博的学养和深厚的理论功底。其二，针对当下史学研究及现实社会中人文精神的缺失，如何提炼出富有针对性但又基于学术的内容，供当下学人和社会借鉴。其三，史学著作的普及性越来越得到社会和国家的高度重视，本书能否在叙述方面做到既富有学术又通俗生动，这也是一个巨大挑战。

第三，在具体研究方法上，本书基于中国优秀传统文化，立足中国本土历史实际，采取前后对比、中外比较和跨学科的研究方法。本书非单纯的史学研究，而是史学研究与文化研究的结合，对其中某些观念或观点的分析，亦涉及伦理学、哲学、宗教学及历史理论的研究。例如，天人关系是中国历史及思想文化中的一个重要问题，早在两千多年前，司马迁即已提出"究天人之际，通古今之变"。对"天"和"天人之际"如何理解、如何解读？恐非历史学这一单门的学科知识所能及。对"天""天人之际"等天人关系问题，在中国的文史哲、儒释道中有着程度不同的阐释，在自然科学中也有着生动的展示。加强文史哲、儒释道乃至与自然科学、其他社会科学之间的交流和对话，将大大有利于深刻把握中国历史及文化相关思想、观点、概念、命题等文字背后的深层内涵。中国学术自古就有文史哲不分的优良传统，这本身就是跨学科的体现。在学科划分越来越精细、学科壁垒越来越鲜明的今天，这种优良传统尤其值得我们借鉴和继承。

三 价值意义

历史研究在坚持以马克思主义和唯物史观为指导的同时，在具体研究中需要注意中国本土历史实际，关注社会重大现实问题，注重中国优秀传统文化对上层建筑的反作用，坚决批判和克服虚无中国优秀传统文化的错误观点。随着中国特色社会主义进入新时代，党的十八大以后中国学术本土化大势形成，对中国优秀传统文化的创造性转化、创新性发展，和本土历史理论的构建越来越受到社会各界的高度重视。本书以中国本土历史和优秀传统文化为根基，探讨中国本土历史理论，不论对当下的史学研究，还是对提炼中国史观、中国理论、中国智慧、中国话语均具有借鉴意义。

其一，为国家治理现代化提供历史经验、历史思想和历史智慧。当今，中国特色社会主义建设已进入全面深化改革的新时代，亟须推进国家治理体系和治理能力现代化。因此，从历史长线和全视角考察中国历史的文化根基、历史理论的内在逻辑，有助于汲取历代国家治理的经验教训、思想智慧、文化战略。同时，我国所处的国际环境正处于大发展大变革大调整时期，世界正面临百年未有之大变局，国际局势不稳定性、不确定性日益突出，深入探究中国历史文化根脉，有助于为全球治理提供中国方案、中国思想、中国智慧。

其二，为治国理政提供基于中国历史本土经验的理论、思想和文化支撑。众所周知，近几十年来的学术研究，不论在理论模式、思想观念还是在话语系统上，都深为西方所左右。当前历史研究所遭遇的最大困境，就是西方的政治经济模式及其理论难以概括、解释、呈现中国本土的历史经验。这就需要将中国自身的具体历史实践、历史经验提升为概念、理论和思想。所以本书尝试对相关原始文献进行最大限度地搜集、整理与运用，从中提炼出基于本土历史经验的关于中国智慧的独特见解。当然，这丝毫不排除我们充分借鉴国外学者的优秀成果，尤其一些具有高度理论性、方法论意义的成果，但这是立足中国本土和以中国为主体的学习与借鉴，绝不再以西方的理论模式剪裁中国的历史事实。

其三，有益于历史理论研究学术体系、学科体系、话语体系本土化建设。由于种种原因，当下的历史理论研究有三个重要问题：第一，与现实重大问题脱节；第二，与中国本土历史存在隔阂；第三，没有形成自己的知识体系和话语体系。因此，历史理论研究的这种现状既不能透彻解读中国的历史，也不能富有洞见地解释中国的现实；既不能适应历史理论自身发展的要求，也不能适应新时代国家发展的要求。这种状况亟须改变，但这绝非一朝一夕可以解决的问题。本书实实在在、踏踏实实的研究将有益于历史理论研究的学术体系、学科体系、话语体系建设向前推进。

总体而言，在理论创新方面，现在整体的历史研究落后于中国的社会实践，落后于中央和国家在文化、经济、社会等方面的思想。有感于此，本书基于对现实的关怀，通过具体问题的分析，阐述优秀文化在中国历史和当今史学研究中的重要作用。进而以全球为视野，在比较中阐释中国自身的主体性，以及中国历史独有文化的特色和魅力。同时，努力彰显人及人心的价值和作用。自近代以来，受西方文化及学术的影响，中国优秀传统文化被弱化乃至断裂。所导致的问题就是当今史学研究中"人"的缺失，对"人心"的探讨更是寥寥无几。由此所导致的社会问题就是道德的滑坡、价值的缺失和人心的迷失。针对这些问题，中国史学传统中的经史并重、明理明道、探究心性、力戒空言、经世致用、彰善瘅恶、讲气节、重爱国等文化精神，对当下的史学研究及学人无疑极具参考和借鉴价值，对匡扶世道人心有所裨益。

第一章

中华文化蕴含当代历史研究的有益智慧

　　历史中蕴含着大量有益于今人和后人的经验、教训和智慧。汲取先人的经验、教训和智慧，无疑有利于今人和后人少走不必要的弯路，甚至少受不必要的挫折。这也是作为一门反思学科，历史学的一项重要价值。虽然当今科技迅猛发展，社会日新月异，但就人的所思所想而言，都与前人的生活具有程度不一的相似性，例如如何为人父母，如何处理家庭关系和社会不同层面的关系，如何处理与天地自然的关系等等，此其一。其二，不论就个人而言，还是就群体而言，所认识的东西，所具备的知识，所行的路所做的事，都是有限的，而前人在这些方面的所作所为，无疑具有不同层面的重要参考价值。因此，为了有益于今人和后人的生活，反思历史自身发生、发展的过程，生动展现出其中有益的经验和教训，是极有必要的。

第一节　"中道"对破除二元对立思维的意义

　　二元对立思维，是西方思想文化的根本逻辑之一，它的一个重要表现就是排他和斗争。这在同样发源于耶路撒冷的犹太教、基督教、伊斯兰教等宗教或文化身上表现得很清楚。它们之间相互冲突、战争不断，成为自古至今世界斗争不已的顽疾。其中一个重要思想和文化的根源就是对自身宗教的"执着"，而不能包容、圆融其他文化或宗教。例如，世界史上旷日持久的历时近200年的十字军东征，第一、第二次世界大战，以及当今中东地区持续不断的战争冲突。由此可见，文化或宗教对立冲突所导致的惨烈后果。在人类历史上，这种教训不可谓不深。由此，不能不反省这种巨大灾难背后的文化问题。

自近代以来，不少人采取二元对立思维看待东方与西方、传统与现代的关系。他们认为，中华文化是封建文化，代表着落后和退步；西方文化是先进文化，代表着光明和进步。改革开放以来，不少前辈学者（如汤一介等）已经认识到这个问题，并在自己的大作中有所阐述和体现。但这种情况不论在社会层面，还是在学术层面并没有根本改观。因此，对这一问题不论在实践层面还是在思想层面，都有进一步加强认识和研究的必要。就拿如何从根本上破解二元对立及斗争思维而言，中国优秀传统文化蕴含着丰富的思想和智慧，具有独到的优势。例如万物归一、中道融合、明德至善、知行合一等思想及其实践和作为，确实是破除斗争与和平、科学与人文、物质与心灵等二元对立及斗争思维的良方。这些都给动荡不已的现代世界以思想、文化和智慧的启示。

一　中庸

在儒家经典中，"中庸"始见于《论语》，而"中"作为一种思想、理论和思维方式，则由来已久。例如《尚书》言："人心惟危，道心惟微，惟精惟一，允执厥中"[1]；"尔克永观省，作稽中德"[2]；"兹式有慎，以列用中罚"[3]。又如《周易》言："中正以观天下。"[4] 春秋时期，孔子将"中"与"庸"连用，并把它提到了"至德"的高度，即所谓："中庸之为德也，其至矣乎"[5]。值得注意的是，孔子在阐发如何执

---

[1] 《尚书正义·虞书·大禹谟》，阮元校刻：《十三经注疏》，中华书局1980年影印本，第136页。
[2] 《尚书正义·周书·酒诰》，阮元校刻：《十三经注疏》，第206页。
[3] 《尚书正义·周书·立政》，阮元校刻：《十三经注疏》，第232—233页。
[4] 《周易正义·观》，阮元校刻：《十三经注疏》，第36页。
[5] 《论语注疏·雍也》，阮元校刻：《十三经注疏》，第2479页。

"中"的过程中，提出了"过犹不及"①"叩其两端"②等思想。"中庸"的方法论意义在于对待事物持适度原则。

战国时期，《中庸》一书将孔子所提"中庸"思想进一步发展，例如：

> 仲尼曰："君子中庸，小人反中庸。君子之中庸也，君子而时中；小人之反中庸也，小人而无忌惮也。"
>
> 子曰："中庸其至矣乎，民鲜能久矣。"
>
> 子曰："道之不行也，我知之矣，知者过之，愚者不及也。道之不明也，我知之矣，贤者过之，不肖者不及也。"
>
> 子曰："舜其大知也与。舜好问而好察迩言，隐恶而扬善，执其两端，用其中于民。其斯以为舜乎！"③

自西汉"罢黜百家，独尊儒术"开始，儒家地位逐步抬高。在这个演变过程中，董仲舒是一位关键性人物。他认为："夫德莫大于和，而道莫正于中，……是故能以中和理天下者，其德大盛；能以中和养其身者，其寿极命。"④也就是说，中庸之用大则治国安邦，小则安身立命，颐养天年。之后，对中庸思想阐发最要者是以程颢、程颐、朱熹为代表的宋明理学家。程朱对中庸的解释基本一致，例如程子言："不偏之谓中，不易之谓庸。中者，天下之正道。庸者，天下之定理。"朱熹言："中庸者，不偏不倚，无过不及，而平常之理。"⑤在他们看来，中庸就是不偏不倚、无过与不及，此乃恒常不变的"正道"和"定理"。由此可见，他们对中庸的解释比前人更加明确。

"中庸"即中道，适度，无过无不及，绝不是人们通常所理解的折

---

① 《论语注疏·先进》，阮元校刻：《十三经注疏》，第2499页。
② 《论语注疏·子罕》，阮元校刻：《十三经注疏》，第2490页。
③ 《礼记正义·中庸》，阮元校刻：《十三经注疏》，第1625—1626页。
④ （汉）董仲舒著，周桂钿译注：《春秋繁露·循天之道》，中华书局2011年版，第207页。
⑤ （宋）朱熹：《四书章句集注·中庸章句》，中华书局2011年版，第17页。

中主义,而是一种恰如其分、善巧适度的思维方式、处事方式。说易行难,这在现实生活中并不好把握,乃至难以达到,也就是孔子所说的:"中庸之为德也,其至矣乎,民鲜久矣。"① 在本质上,儒家中庸思想与释道中道思想一致,这在道家和释家典籍中多有阐述。由此,中庸中道思想构成了中华文化思想的一个主要内容和重要特征,对治国理政、移风易俗、道德修养等产生了多种功用和影响。可以说,中华民族在世界文明史上创造的灿烂辉煌与中庸思想息息相关,不但丰富了中华文化的思想内涵,而且增强了中华民族的群体意识、凝聚力、融合力,促进了社会安定、民族团结和国家统一,以及民族、文化的认同。这对当今不大太平、冲突不断的世界依然有着重要的启示价值和解决冲突的智慧。

二 中和,万物并育相生

值得一提的是,《中庸》将中庸由"至德"提升到"大本""达道"的高度,把中庸本体化。这就将"中"与"和"作为宇宙最根本、最普遍的法则,遵循这个法则,天地万物就可以各得其所繁荣兴旺。由此,中庸由社会行为准则被改造为宇宙运行法则,具有万物生长本源的本体意义。这就形成了中庸中和、中道融和的思想体系。《中庸》开篇即讲:"喜怒哀乐之未发,谓之中。发而皆中节,谓之和。中也者,天下之大本也;和也者,天下之达道也。致中和,天地位焉,万物育焉。"②《周易》说:"乾道变化,各正性命。保合太和,乃利贞。首出庶物,万国咸宁。"③ 由此可见,中和可使天地万物各安其位,生生不息。中和思想在中华民族的融合、发展和繁荣中发挥了重要作用。这一点,盛唐气象是一个很好的借鉴和说明。从初唐到开元、天宝年间,国家一统,经济繁荣,政治开明,儒释道并盛,文化发达,对外交流频繁,国家呈现出海纳百川、兼容并包的盛唐气象。开放的时代精神,广

---

① 《论语注疏·雍也》,阮元校刻:《十三经注疏》,第2479页。
② 《礼记正义·中庸》,阮元校刻:《十三经注疏》,第1625页。
③ 《周易正义·乾》,阮元校刻:《十三经注疏》,第14页。

泛的文化交流，使盛唐社会生机勃勃，并创造了气度恢宏的文化，达到了中国历史的一个新高度。

中国文化对"和"有不同层面的表述，如"家和万事兴""和气生财""政通人和""以和为贵""协和万邦"等。"和合"出自《墨子·尚同中》，即："内之父子兄弟作怨仇，皆有离散之心，不能相和合"①。在中国历史上，不论是诸子百家，还是儒释道，都强调"和"。其一，在深层次上，"和"是最为根本的状态，如太虚之和，能生万物；其二，"和"中蕴含着开放性和包容性，有容乃大之意；其三，"和"的尺度是中道、中庸、中和；其四，"和"表现出的状态是和谐、和合。

"和而不同"是中国文化和思想的一个重要理念，在个人修养、为人处世、治国理政等各个层面都有所体现。"有容，德乃大。"② 尽管不论在历史和社会中，人与人，群体与群体、国家与国家之间存在着冲突乃至战争，但是他们之间都需要宽容与和谐。和而不同，无疑指明了消除对立乃至斗争的路径和智慧。中华文明推崇的"和而不同""协和万邦"，对今天我们推动构建人类命运共同体大有裨益。

中道、中庸、中和，并不仅仅是一个文本概念，而是生动活泼的思想，不仅能够在人的内心，而且可以在齐家、治国、平天下等各个层面生根、发芽、成长，育化出内心或外物和谐优美的状态。所以，中道、中庸、中和等文化思想，是维系与协调不同族群、文化、宗教的圆融智慧，对中国历史及文化发展产生了广泛而久远的影响。这也是中华文化能够有容乃大的根源所在。正如习近平总书记所言："这种'贵和尚中、善解能容、厚德载物、和而不同'的宽容品格，是我们民族所追求的一种文化理念。自然与社会的和谐，个体与群体之间的和谐，我们民族的理想正在于此，我们民族的凝聚力、创造力也正基于此。"③ 中和、中庸、中道、圆融等思想，为世界和平共处提供了中国智慧和中国

---

① 《墨子·尚同中》，高秀昌注译，中州古籍出版社2008年版，第82页。
② 《尚书正义·君陈》，阮元校刻：《十三经注疏》，第236页。
③ 习近平：《之江新语》，浙江人民出版社2007年版，第150页。

经验。特别是,中庸、中道、中和、圆融是破除二元对立的良方。二元对立及斗争思维是西方文化的一个主要特征。对如何从根本上破解二元对立及斗争思维,中国优秀传统文化中的"中道融合"就蕴含着值得参考借鉴的中国智慧。

从中国历史发展来看,中国先祖所创立的天下观,及中道、中和思想,在中华民族发展和融合的过程中,比较容易突破和超越狭隘的民族与国家界限。虽然在中原与周边、农业民族与游牧民族间有排斥、冲突乃至战争,但总体趋势是不断融合的。长期以来,汉民族与匈奴、鲜卑、突厥、吐蕃、回纥等民族不断交流交往交融,形成了中华民族共同体,共同造就了灿烂的中华文化和中华文明。

通过优秀文化的滋润,使人与人之间,人与万物之间多一些关爱天下、慈悲生命的情怀和踏踏实实的实际作为,多一些中和圆融的智慧,消解利己主义和对立斗争意识和行为,这不仅是对文化自身的升华,还是天下万物的福音。这从中国文化的主体——儒释道三者的融合中也能看出。虽然三者在具体观点上有过争论,但没有很强的排他性,更没有流血的冲突和战争,而是以融合性为主,不像西方诸多宗教及其不同教派之间有那么强的排斥、排他性。恰恰是这种融合性、圆融性,将传统文化的具体思想、观念融合到人们的日常生活,又吸纳、包容了其他的文化,而不断推陈出新。

三 中道融合,万物并育相生

"万物归一"体现着中国文化一个最深层的本体思想。老子曰:"道生一,一生二,二生三,三生万物。"[①] 庄子曰:"天地与我并生,而万物与我为一。"[②] 尽管万物之中有斗争的思维,也有斗争的行为,乃至世界性大战及灾难。但这都是"一"所生,而"一"之后的

[①] 《老子道德经注·四十二章》,(魏)王弼注,楼宇烈校释,中华书局2011年版,第120页。
[②] 《庄子·齐物论》,孙海通译注,中华书局2007年版,第39页。

"二"、"三"及万事万物最终还要归于这个"一"。这就如同前文中所说的，虽然历经万年风雨，但始终如一的，是承载万物的地球和广袤无垠的天空。中道融合，是"万物归一"思想的进一步延伸，后者是前者的本源。

首先，中道才能和谐。中国优秀传统文化重视强调人自身、人与人、人与社会、人与自然等之间的和谐，即中道、中和、和合、融合。

其次，融合才能归一。如果说中道还是一种处事的适宜尺度的话，那么由中道进而更进一步的"融合"更为关键。只有融合才能最终"归一"。如此也就不难理解为什么在中国历史上有那么多民族入驻中原，却最终被中华文化同化融合。中国文化的这种同化、融合力在世界文明发展史中是罕见的，其中一个主要根源就在于万物归一、中道融合、明德至善、知行合一等思想及其践行。

再次，在"知行合一"中实现。中道融合在历代先人的"知行合一"中传承，在"明德至善"中落实，这最关键。因此，我们这里尤其强调，对二元对立及斗争思维的破除，不仅仅是从概念到概念的理论推演，而是要在"知行合一"中去完成，否则犹如缘木求鱼终不可得。如同再好的药，不服用，也难以治病；再美的语言，不行动，也是无益空言。所以，中国的历代先人、大德、圣贤不但提出了中道、中和、中庸、和合等思想，而且力行之、传播之，从而使得这些思想最终成为中华文化的主要特征和独特标识。这种独特标识并不仅仅是一个文字概念，而是生动活泼的思想，能够随着具体时空条件而生根、发芽、成长，生生不息；如同火种代代相传，又如明灯，既照亮自己又点亮他人，从而成为维系、协调、融合不同族群、不同文化、不同宗教的圆融智慧。正是通过它们的滋养，使人与人之间，族群与族群之间，宗教与宗教之间，乃至人与万物之间多一些仁爱和平，少一分杀戮，彰显出中国优秀传统文化崇尚和谐、不尚战争的善美属性。

可以说，在"知行合一"这一点上，中国历史乃至世界历史上的大德圣贤既给我们树立了榜样，又与当今学者区别开来。首先，与当代诸多学者不同，他们不仅仅在阐述思想，而且更重躬身力行。他们论君子就先让自己成为君子，论大丈夫就先让自己成为大丈夫。其次，他们通过自身的论述和实际作为，为其思想做了验证，可以说，通过他们自身的实践和作为，为其思想开辟了在现实生活中实现的路径。也就是说，他们将其弘扬的道、所说的理，与具体的人、事圆融起来。若只有理，只说出理的缘由，却开辟不出道、理落实的路径，供自己、他人行走、实践、作为，那么既不能真正体会道、理的境界，又难以服人，而仅仅停留于自己所书写的纸上而已，也就是死的文字。所以说，大德圣贤是优秀传统文化的创造者、继承者和传播者。诸多传统文化的精髓未必见之于文字，而是蕴含在他们具体的实践和担当之中。

反思和破除二元对立及斗争思维，并不是说在现实社会中不讲"斗争"。不论在历史还是现实及未来，只要有不正、邪恶的意念、言语、行为，乃至暴力犯罪、侵略、战争等不和谐的存在，"斗争"就有其存在的合理性。所以，反思"斗争"思维，并不是否定任何情况下的"斗争"，而是积极肯定那些正当的、正义的、维护社会秩序所必要的斗争。例如，当外国侵略者入侵我们国家的时候就要坚决的斗争，所以无论如何，自1840年以来的中华民族反对外来侵略的斗争都值得肯定。但是若在和平时期，只讲斗争不讲和谐，那么后果可想而知。

中华优秀传统文化重视强调人自身、人与人、人与社会、人与自然等之间的"和"，即和合、和谐、中和。中道、中庸、中和作为中国文化思想的一个重要内容，是指事物的一种最佳的境界和状态，既包括人自身、事物自身的和谐，也包括人与人之间、群体与群体之间、民族与民族之间、国家与国家之间的和谐。中国先人认识宇宙、自然、万物、社会、人生、人身等，经历了长久复杂的过程。他们仰观天象、俯察地理、近取诸身、远取诸物，不论在思想认识上还是在现实实践中，把天、地、人、物、我等圆融起来，而不是将其对立起来，形成了中道、中和、以和为贵的具有中华民族文化主要特征的思想和理念。这在中国传统文化的主体——儒释道中都有阐述。与世界其他文化文明相比，不论在理论思辨层面还是在生活实践层面，中道中庸都代表了中华文化独特的思维方式，对历代治国理政的支撑与指导具有独特的魅力。以《中庸》的话说就是："君子尊德性而道问学，致广大而尽精微，极高明而道中庸。"[①]

中国优秀传统文化中的明德、至善、中道、道法自然等思想，确实是破除战争与和平、科学与人文、物质与心灵等二元对立问题的良方。二元对立是西方文化中比较突出的思想和思维，它的一个重要表现就是排他和斗争。而中国优秀传统文化恰恰崇尚和谐，不尚战争。在中国历史上佛教、伊斯兰教、基督教等外来宗教都相继进入中国，与中国本土文化融合共生，乃至成为中国文化的重要组成部分。而且在中华大地上从来没有发生过宗教战争，中华民族也"没有对外侵略的传统"[②]。这些都给动荡不已的现代世界以文化和智慧的启示。

第二节　人文与科学：善恶褒贬再认识

一代有一代的学术，历史研究随时代变迁而不断更新。自党的十八大以来中国已进入新时代，历史研究正向中国本土回归。在此背景下，有必要进一步反省历史人物评价标准问题，重新审视道德标准背后所蕴含及承载的文化精神。例如在本体层面，如何看待人类历史；在史学本身层面，如何看待历史的主观性、科学性及史学是否能避免道德价值判断等问题。不论从历史学本身还是从文化角度，深入反思、认识这些问题，不论对促进历史人物评价研究，还是对于坚定文化自信，促进社会和谐，促进文化认同、民族认同、国家认同，都具有重要的学术价值和现实意义。

[①]《礼记正义·中庸》，阮元校刻：《十三经注疏》，第1633页。
[②]《习近平同希腊总统帕夫洛普洛斯会谈》，《人民日报》2019年5月15日第1版。

一 善恶褒贬之本体论

人兽之别为古代圣贤一大辩题。人与兽的一大区别则在伦理道德。正是由于"人类拥有社会的伦理过程（Ethical Process），其自然天赋为互爱和同情所抑制。同情心、荣誉感比法律更能约束人的行为，它在天然人格之外，建立起了一种人为人格，即'内在人'"①。也正如康德所指出的："人的本性并不是哲学家们历来强调的理性和知识，而在于他能不受自然的束缚去追求自己设定的目标，在于他独特的道德自由。""人之为人，人之高于动物，人的尊严等等，唯一充分体现于他的自由的道德实践"；"所谓必须服从纯粹理性的先验的绝对命令，就是要求感性存在的个体必须服从普遍的人类理性即总体的人类社会的规范和准则，这便是人之高于禽兽的自由的道德本性。"② 所以"每个人都是道德的主体（Sittliches Subject）；正因为他是道德的主体，所以他成其为人"③。历史人物评价的内在前提预设，就与本体层面的这种人和人类社会的道德性有关，也与对这种道德性的认识有关；而这直接表现为对被评价对象施以道德价值评判。这种在本体层面上关于人或人类的深层预设可概括为哲学上的真善美，但是这在不同的史家那里有不同的表现方式。因为对某一历史人物是非的评价不是依据抽象的真善美，而是以特定的价值取向为依据。价值观念或价值取向的差异可以导致对同一历史事实或历史人物截然不同的评价。对历史人物真善美或假恶丑的道德判断，以"应然"与"实然"的差距为依据。评价暗含比较，真善美、假恶丑均在比较中存在。此正如杜威所言："评价性判断是与某些情形相关的，在这些情形中事物的价值，或行为的价值是不确定的、模糊

---

① ［英］赫胥黎：《进化论与伦理学》，载唐凯麟主编《西方伦理学名著提要》，江西人民出版社2000年版，第358页。
② ［德］康德：《实践理性批判》，载唐凯麟主编《西方伦理学名著提要》，第215—224页。
③ ［德］德罗伊森：《历史知识理论》，耶尔恩·吕森、胡昌智编选，胡昌智译，北京大学出版社2006年版，第85页。

的，而且它们是与某种行动联系在一起的，人们之所以会采取这种行动是为了创造一种条件，以使某种具有确定价值的东西能够产生。"①

对历史人物进行道德评价，与历史人物自身行为选择的客观可能性相关。尽管选择本身有客观或主观条件的限制，但人毕竟还有一定的自由选择的空间。比如文天祥在被俘之时可以选择投降，但他选择了不屈，于是有"人生自古谁无死，留取丹心照汗青"之千古绝唱。选择意味着责任，意味着就得承担其带来的直接或间接后果，于是"自由"意志便成为道德责任的基础与前提。"假设人不过是某一 X 手中的牵线木偶，不论它是神或基因，则其所做的一切均不存在道德责任从而不在善恶评价的范畴中，法律上对某种精神病患者免除法律责任的做法正是基于同样的考虑。从自由意志的角度我们可以论证为什么我们不以自然事物为道德评价的对象。从实践的角度看，很容易认为，这是因为跟它们讲道德没有用，是'对牛弹琴'。其实，更根本的理由则是，自然物作为'在者'总是'是其所在'，对于它们来说，基于不同可能性基础的自由选择是不存在的"，所以对其进行道德评价也是荒谬的。②

二 "史学即史料学？"

对史学的科学性、主观性问题，学术界一直争论不断。史学的科学性排斥史家主观性，也就排除了史家主观的道德判断，从而导致"史学即史料学"。在中国史学研究领域，主张严格排除史学中之"主观"的学者首数傅斯年先生，其被称为"科学主义派史学第一号领袖"③。傅先生有"史学便是史料学"之论：

一、史的观念之进步，在于由主观的哲学及伦理价值论变做客

---

① [美]约翰·杜威：《评价理论》，冯平、余泽娜等译，上海译文出版社 2007 年版，第 132 页。
② 周建漳：《历史及其理解和解释》，社会科学文献出版社 2005 年版，第 261 页。
③ 王尔敏：《20 世纪非主流史学与史家》，广西师范大学出版社 2007 年版，第 109 页。

观的史料学。

二、著史的事业之进步，在于由人文的手段，变做如生物学、地质学等一般的事业。

三、史学的对象是史料，不是文词，不是伦理，不是神学，并且不是社会学。史学的工作是整理史料，不是做艺术的建设，不是做疏通的事业，不是去扶持或推倒这个运动，或那个主义。

史学便是史料学：这话是我们讲这一课的中央题目。史料学便是比较方法之应用：这话是我们讨论这一篇的主旨。①

蔡元培先生亦有"史学本是史料学"之说。② 也有人认为这在西方的典型代表是兰克，其实这是对兰克之误解。③ 服膺傅先生或持与傅先生类似"科学主义史学"者，亦大有人在。齐思和云：

> 夫道德之提倡、资鉴之供给，爱国心之激发，乃旧日学者研究撰史之主要目的也。今皆以为非是，然则史之真正目的，究何在欤？应之曰："严格言之，历史不应有任何目的。"……其惟一之目的，则与他科学同，在于寻求真理也。……则真理外，不容有其他目的。④

---

① 傅斯年：《史学方法导论》，中国人民大学出版社2004年版，第1—2页。
② 蔡元培：《明清史料档案甲集·序》，载高平叔编《蔡元培全集·第五卷（1925—1930）》，中华书局1988年版，第513—515页。
③ 王尔敏曾对"史学即是史料学"之说做过论述，其中有驳斥之论，并对兰克史学观点之误解做了澄清。（参王尔敏《史学方法》，广西师范大学出版社2005年版，第118—134、193—197页）又，关于兰克史学思想的论述可参郭圣铭编著《西方史学史概要》，上海人民出版社1983年版，第154—159页；张广智《西方史学史》，复旦大学出版社2000年版，第211—219页；王晴佳《西方的历史观念——从古希腊到现代》，华东师范大学出版社2002年版，第129—141页。又，西方史学界对兰克史学思想之误解或澄清，可参阅伊格尔斯《二十世纪的历史学——从科学的客观性到后现代的挑战·译者前言》，及其附录《美国与德国历史思想中的兰克形象》，何兆武译，辽宁教育出版社2003年版。
④ 齐思和：《齐思和史学概论讲义》，天津古籍出版社2007年版，第29—30页。

章学诚与傅斯年一派的观点不同，他认为："整齐排比，谓之史纂，参与搜讨，谓之史考，皆非史学。"① 杜维运亦云："史学不能只限于史料学，史学家于考史之余，也必须著史，作艺术的建设，做疏通的事业"；②"历史不等于科学。"③ 王尔敏亦谓："可以说史料学就是史学"，但不可以说"史学就是史料学"。"然史学实非史料学所能代替，且史料亦不能等于历史，此乃必有之普通知识，道理亦至浅显。"④ 总之，"考订史料与孤立的事件并不是史学"⑤。

王尔敏曰："兰克毕生极重视搜集史料，却未尝强调标榜史学就是史料学。……兰克勤于访阅档案，重视史料收集运用。并不是注重史料为目的，而是以利用史料撰著史书为最高宗旨。"⑥ 汪荣祖认为，在中国产生的"史料即史学"是对兰克史学观点的误解；"'史料即史学'决非兰克之本意"；事实上，"兰克极重视史实发生之趋势、意义及特征；并从单一史实中去了解全面"⑦。何兆武亦有谓："当时胡适、傅斯年一辈人以为历史学就是史料考据，故有'有一分证据说一分话'的格言。殊不知证据本身是不会说话的；说话的不是证据，而是号称掌握了证据的人。而且'史学即史料学'的说法，也是对兰克及其学派的严重误解。兰克及其学派虽然以资料博洽、考据精赅著称，然而他们进行研究的指导思想却是他们内心深处那种根深蒂固的世界观。"⑧ 综上所述，历史学有实证的层面，但历史学绝不仅仅只是史料学。这与历史研究的主观性和史家的道德价值观密切相

---

① （清）章学诚著，仓修良编注：《文史通义新编新注》，浙江古籍出版社2005年版，第122页。
② 杜维运：《变动世界中的史学》，北京大学出版社2006年版，第30页。
③ 杜维运：《史学方法论》，北京大学出版社2006年版，第323—328页。
④ 王尔敏：《史学方法》，广西师范大学出版社2005年版，第118—134、185—197页。
⑤ 孙同勋：《从历史被滥用谈治史应有的态度》，载杜维运、黄俊杰编《史学方法论文选集》，台北：华世出版社1977年版，第269—282页。
⑥ 王尔敏：《20世纪非主流史学与史家》，广西师范大学出版社2007年版，第114页。
⑦ 汪荣祖：《史家陈寅恪传》，北京大学出版社2005年版，第49页。
⑧ ［美］伊格尔斯：《二十世纪的历史学——从科学的客观性到后现代的挑战·译者前言》，何兆武译，辽宁教育出版社2003年版，第1—2页。

第一章 中华文化蕴含当代历史研究的有益智慧

连。

史学完全排除主观性是不可能的。"史家处理问题,无论史料或史实,绝无法完全排除个人观点。盖史家开始选题,即本之一种评估需要之观点而来。史家可以避免成见,但无法避免时代风气;可以降低时代风气影响,但无法完全不用个人之评骘。抑且史家卓识之过人表现,正在此点。世人有自称纯客观者,或为无识之抄胥,或即不免自欺欺人。"① 西方史家葛隆斯基曾指出:"不论史学家有多诚实,他的著作必是自己环境、教育和价值结构的产物。而他对历史的解释就是个人信仰和人生观的结晶。若说这些因素未曾深深地影响其著作是不可能的。"② "一切历史都是当代史"③,"一切历史都是思想史"④,此类论点,也反映了历史研究之主观性。史家之主观在相当程度上表现了其道德或价值观念。"价值表达人们所期望的状态或善,指出人们行为和发展的感情动力,解释人们行为的目标和目的。价值代表了人们所爱的和所追求的。"⑤ 其实,"不论忠君劝善、爱国扬威,皆属'价值之判断'(Judgments of value)"⑥。梁启超认为:"历史的目的在将过去的真事实予以新意义或新价值,以供现代人活动之资鉴。"⑦ 这种新意义或新价值本身就体现了史家之价值判断。总之,史学完全排除主观性是不可能

---

① 王尔敏:《史学方法》,第 183 页。
② 《历史意义与方法》,容继业译,第 20 页。转引自王尔敏《史学方法》,第 183 页。
③ [意] 贝奈戴托·克罗齐:《历史学的理论和实际·历史与编年史》,傅任敢译,商务印书馆 1997 年版,第 1—15 页;
④ [美] 柯林武德:《历史的观念》,何兆武、张文杰译,商务印书馆 1997 年版。
⑤ [美] 查尔斯·L. 坎默:《基督教伦理学》,王苏平译,中国社会科学出版社 1994 年版,第 96 页。
⑥ [美] 汪荣祖:《史传通说——中西史学之比较》,中华书局 1989 年版,第 20 页。
⑦ 梁启超:《中国历史研究法补编·总论》,载《中国历史研究法(外二种)》,河北教育出版社 2003 年版,第 123 页。又,同上书,第 126—127 页云:"所谓予以新意义,有几种解释。……总括起来说,吾人悬拟一个目的,把种种无意义的事实追求出一个新意义,本来有意义而看错了的,给他改正,本有意义而没觉察的,给他看出来。所谓予以新意义,就是这样解释。""所谓予以新价值,就是把过去的事实,从新的估价。价值有两种:有一时的价值,过时而价值顿减;有永久的价值,时间愈久,价值愈见加增。……历史家的责任,贵在把种种事实摆出来,从新估定一番。总括起来说:就是从前有价值,现在无价值的,不要把它轻轻抹杀了;从前无价值,现在有价值的,不要把它轻轻放过了。"

的，完全排除道德评判也是不可能的，最典型说明这个问题的就是近两千年的史学传统。若史学没有道德价值评判，那么史学要么见物不见人，要么只见到冷冰冰的人，乃至禽兽不如的人。"固然也有人脱离了人和人物中心而来研究历史的，但其研究所得，将总不会接触到历史之主要中心，这是决然可知的。"①

三 道德判断非科学判断

历史学的"科学性"概念，导源于自然科学。自然科学以其直接所面对的客体为研究对象，要进行观察、实验和调查。在自然科学中，科学性是指：两个或两个以上胜任的科学家对同样的研究对象，以同样的研究或实验方式，会得出同样的结果，而且这个结果或结论可以被科学界同行普遍接受。从这点来说，自然科学的"科学性"是刚性的。历史学的"科学性"除了在实证考订的层面有这种刚性科学性之外，恐怕很难说再有"刚性"可言。正如伊格尔斯指出："历史学家所理解的'科学'这一概念，肯定的是与自然科学家所理解的大不相同，自然科学家追求的乃是概括化与抽象定律的形式的知识。对历史学家们而言，历史不同于自然，因为历史学处理的乃是表现为创造了历史的男男女女们的意愿以及使社会得以凝聚的种种价值和风尚。历史学处理的是在时间中的具体的人和具体的文化。"② 何炳松指出历史研究法与自然科学研究法之不同：第一，观察点不同；第二，研究对象的性质不同；第三，步骤不同。③ 史学研究无法再面对已经沉寂的研究客体，无法对已经成为过去的人和事进行观察、实验和调查；只能依赖于史料或遗迹、遗址。在实证层面，可以利用科学整理，或考证前人著作、思想、行为，或遗物、遗迹、遗址等；但对其中所蕴含的文化基因、精神、价值等抽象存在，科学则无能为力。此如耶日·托波尔斯基所言：自然科学与社会科

---

① 钱穆：《中国历史研究法》，生活·读书·新知三联书店2005年版，第80页。
② [美] 伊格尔斯：《二十世纪的历史学——从科学的客观性到后现代的挑战》，何兆武译，辽宁教育出版社2003年版，第2页。
③ 刘寅生等编校：《何炳松论文集·历史研究法》，商务印书馆1990年版，第149页。

学的差异不在于前者没有价值评估,后者有价值评估;"而是在于(从共同的价值评估标准出发)价值评述性陈述——某种价值评估态度的语言表现,通常不出现在与自然科学有关的记叙中,而是出现在与社会科学、特别是与历史记叙有关的记叙中;价值评述性陈述构成了这类记叙的一个组成部分"。① 例如钱穆评文天祥曰:"倘使没有一个文天祥,那将是一部中国历史的失败。……他虽无助于南宋之不亡,然而文天祥可以维持中国民族精神。"② 对文天祥身上所体现出来的民族精神,科学如何解释呢?牟宗三先生有"事理"与"物理"之论对此甚有启发:

> 物理之物是科学所研究的对象。此物亦可曰物理事件(physical events)或物理现象(physical phenomenon)。但纵使名曰"事件",此事件之事亦非我们所谓事理之事。物理事件,虽然有其变化,但对事理之事而言,它仍然是一个静态字。它的变化是机械的变化,它没有历史性。机械变化的理就是从物理事件间的关系抽象出来的法则,所谓自然法则,此即是物理。③

> 事理之事不是物理事件,故不能用"event"一词去翻译,似乎当该用"human affairs"(人事)一词去翻译。事理之事是动态的,是有历史性的,而且是独一无二的(不能重复)。这种事理之事不能用科学方法来处理。科学方法所能处于历史的,严格言之,不是历史,而是历史上的文献材料。

> 有历史性的事理之事都是独一无二的,不是可以机械地重复的。故文献材料可用科学方法来归纳整理,而事理之事则不能用归纳法得其通则。

---

① [波]耶日·托波尔斯基:《历史学方法论》,张家哲、王寅、尤天然译,华夏出版社1990年版,第634—635页。
② 钱穆:《国史新论》,生活·读书·新知三联书店2005年版,第272页。
③ 按,康德云:"关于自然规律的学问称为物理学。"(载[德]伊曼努尔·康德著《道德形而上学原理》,苗力田译,上海人民出版社2005年版,前言第1页)这可与牟宗三先生所云"物理"相印证也。

然则事理之"理"是何意义的理？物理之理是就物之关系、性质与量度而说。有历史性的事理之理是就什么而说？事理之事的"意义"就是它的理。①

"事必出于人"②，"事件的发生，人物往往是主导者"③。"事理"包含人之"情理"、人之主观，这是与"物"之"物理"的根本区别。这也就不难理解："道德判断之所以与科学判断不同，就在于它具有科学判断所不具有的情感意义。"④ 科学判断"着意于改变各种预期"，而道德判断则"是去改变感情和行为"。"科学只解决了什么能够（could）做的问题，而解决不了什么应该（ought to）做的问题。"⑤ "在所有深思熟虑的、有计划的人类行动中，无论是在个人行动中还是在群体行动中，似乎无一不受到对所期望达到的结果所具有的价值之鉴定的制约（如果不说受到鉴定控制的话）。"⑥ "价值判断也不是科学命题，而是个人情感的表达。"⑦ 所以，道德问题不同于科学问题，作为善恶褒贬的道德判断亦不同于科学判断。科学性对善恶褒贬的要求与规范，主要体现在历史的实证层面，即研究主体严格按照相关的实证方法或方式，确证"史料"或"史实"的真实性。而历史关注的是"长期"行为及意义与影响，这远远不是单纯"科学"地考证"史料"所能解决的，亦不是空洞"真理"所能蕴含的。

---

① 牟宗三：《历史哲学》，广西师范大学出版社2007年版，"旧序三"第1—8页。又，牟先生又说："天天讲王阳明、讲良知，是讲不出科学的，因为良知不是成就科学知识的一个认知机能。"载牟宗三著《政道与治道》，广西师范大学出版社2006年版，"新版序"第11页。
② 钱穆：《现代中国学术论衡》，生活·读书·新知三联书店2005年版，第108页。
③ 杜维运：《变动世界中的史学》，北京大学出版社2006年版，第89页。
④ [美]查尔斯·L.斯蒂文森：《伦理学与语言》，载唐凯麟主编《西方伦理学名著提要》，江西人民出版社2000年版，第525—541页。
⑤ [英]斯蒂芬·艾德尔斯顿·图尔敏：《推理在伦理学中的地位》，载唐凯麟主编《西方伦理学名著提要》，第555—568页。
⑥ [美]约翰·杜威：《评价理论》，冯平、余泽娜等译，上海译文出版社2007年版，第4页。
⑦ [英]罗素：《伦理学和政治学中的人类社会》，载唐凯麟主编《西方伦理学名著提要》，第569—578页。

| 第一章 | 中华文化蕴含当代历史研究的有益智慧

综上所述,史学非史料学,史学也避免不了道德价值判断;道德判断亦不同于科学判断。钱穆先生说:"人分贤奸,斯事有褒贬。褒贬乃成中国史学之要纲。未有不分贤奸,不加褒贬之史学。"① 在科林武德看来,首先,历史学家都是现实中的人,在讨论问题时总会触及或反映个人的兴趣;其次,他们必须借助价值判断或道德判断来叙述历史,如用"明智""坚定""首尾一贯""英勇无畏""技巧高明""一丝不苟""宽容大量""公正无偏"等词汇来形容人,就属于价值判断的范畴。历史离不开价值判断,如果"没有价值判断,就没有历史"。② 道德价值判断的目标指向增进人类或民族的文明。对此,典型例证当属中国近两千年的史学传统。正是由于善恶之褒贬善恶必书成为"一条金科玉律","人心世道,借以维系"③。善恶褒贬是中国史学的特有功能,它担载着维护历史公正的功能,承载着类似其他民族多由宗教承载的东西。这主要体现为:其一,历史对权势人物具有震慑作用;其二,历史具有追罚和补偿功能,起到维护社会与历史公正的作用;其三,并非成败论英雄;其四,把我们民族塑造成一个善于记忆的民族;其五,历史使得那些在现世中绝望的人们怀有最后的希望,即希望历史能做出公正评价,还他们以清白。④

体现善恶褒贬的道德标准有其历史相对性与绝对性。从相对性来说,需对不同历史时代的道德标准具体分析,以取其精华,去其糟粕;同时,我们亦不能制定一个适用于万世不变的标准。从绝对性来说,人类必须遵循一定的最基本的道德价值准则。这正如杜维运所言:"历史上也不是没有超时间空间的绝对,人与人之间,应互相友爱,国与国之间,应和睦相处,不是历史上的绝对吗?历史上有绝对与相对,就像历史上有进步与退步一样。认为完全绝对,是武断;认为完全相对,也是

---

① 钱穆:《现代中国学术论衡》,生活·读书·新知三联书店2005年版,第108—109页。
② [英]科林武德:《历史学的原则》,第211、212、215、217页。转引自李剑鸣著《历史学家的修养和技艺》,上海三联书店2007年版,第116页。
③ 杜维运:《变动世界中的史学》,北京大学出版社2006年版,第87、93页。
④ 详参高希中《道德标准于当今史学之意义》,《学术论坛》2007年第2期。

武断。"① 这种最基本的道德价值准则，在历史人物评价中是"常人道理"或"普适道理"，在这点上，用康德的话说，就是绝对命令。常人道理或普适道理是"人格"的底线，这点不因"伟人"或"平民"而异；即在历史人物评价中，不存在双重道德标准，也就是"伟人"标准和"平民"标准。新的道德标准至少包括以下几个方面：最基本的伦理、价值准则；劝善惩恶，捍卫正义与公正；尊重人的基本权利。②

因此，不论是历史著述还是历史人物评价中的"善恶褒贬"，都蕴含着一种中国特有的历史意识，一种著史理念——公正理念和不朽理念、一种具有终极意义的信念。并且这种理念和信念已泛化为一种文化精神，一种民族精神。此即为钱穆先生所说的"史心"或"中国历史文化传统精神真价值所在"。③

四 深刻认识道德标准所承载的文化精神及现代价值

历史学研究的不是冷冰冰的物质世界，而是活生生的人的生活。作为精神存在的人不可能不与道德价值发生关联，历史学也不可避免地要进行道德价值判断。尽管善恶褒贬并不是一完美无缺的花朵，但它所育化的历史对中国文化起了其他学科所不能替代的作用，维护着中华民族最根本的东西。历史乃深层生命价值、人文情怀所系，乃中国文化传承的契机。若要重建中国文化，就必须重建中国的著史理念，复兴中国的史学传统。

其一，正确深刻认识道德标准所担载的文化精神。史著不被百般挑

---

① 杜维运：《史学方法论》，北京大学出版社2006年版，第327页。
② 艾耶尔认为可把伦理学命题分为四类：（1）表达伦理学术语之定义的命题和关于特定定义之合法性或可能性的判断的命题；（2）描述道德经验现象及其原因的命题；（3）提倡道德品性（moral virtue）的表达；（4）实际的伦理判断（ethical judgement）。艾耶尔说，这四类命题的区别是很明显的，可伦理哲学家们通常都忽略了这种区别，正因为如此，我们在读他们的著作时，"往往很难懂得他们到底试图发现和证明什么"。（[英]艾耶尔：《语言、真理与逻辑》，载唐凯麟主编《西方伦理学名著提要》，江西人民出版社2000年版，第502页）艾耶尔所言，对确立历史人物评价道德标准的具体规范或内容有提示作用。
③ 钱穆：《中国历史研究法》，生活·读书·新知三联书店2005年版，第80—97页。

剔则不被传世。优良的作品、古往今来的佳作，无一不是历史筛出来的。这也就在历代的传承中，形成了中国独特的著史传统：既记录历史事实又褒贬善恶，兼容并包，丰富事实判断系统和最基本的价值判断系统，拥有我们民族最为深厚的精神资源。这种著史功能的最大价值，是在千丝万缕的社会关系和眼花缭乱的社会现象中，给予我们人生的坐标和通往国泰民安的路径。这些坐标和路径是前人认识、总结的经验，蕴含着生动而深刻的历史智慧，令后人少走不必要的弯路。其中所蕴含的道德价值观念以不同的形式倡导真善美，贬斥假恶丑，依然影响着人们的生活，育化着世人的心灵。其中的某些具体道德观念，虽然站在今天的高度可以商榷，甚至不合时宜，但其中最为基本的适应社会发展的道德价值观念不能全然抛弃。那些最为基本的适用于全球共享的道德价值观念有着惩恶扬善的功能和使命，有着维护社会良好秩序的巨大现实价值。我们不能因其在具体运用中具体方式方法的不足或缺陷，而简单、粗暴地予以否定。

其二，正确深刻认识道德标准深层的文化内涵。从更深层次上讲，中国的著史传统及著述理念承载着不同于西方学科分制的一种特殊的功能，那就是对天下大"道"的承载。这就使得我们民族对历史的记录和评述，彰显出中华民族特有的最为看重的历史精神和文化精神。中国历史的这种更深层、更本质的价值和功用作为文化的核心，潜移默化于历代人的生活中，流淌在我们民族的血液中。尽管体现"道"的具体内容和形式千变万化，甚至有些具体表现形式、方法随着时代的变迁而需要革新，但"道"的本质却相对固定，不能否定其核心要义的价值和意义。历史智慧既不能拘泥于文字，也不能拘泥于面相，更不能生搬硬套；而是在于突破千变万化的表相和形式，把握住"道"的本质而运用于当下生活，创造无愧于前人和有益于后人的历史。

其三，正确深刻认识道德标准的现代重要价值。众所周知，中华文化以其伦理性著称于世。在世界面临百年未有之大变局之际，不论是实现中华民族的伟大复兴还是构建人类命运共同体，都不能没有世人公认的道德观，不能没有全球共享的价值观。中国传统史学的著史理念及其所体现的道德标准，与世人公认的道德观和全球共享的价值观有着内在的相通性。虽然它们的具体表现形式有所差异，但都是"道"的具体体现。当然，这就需要贤哲根据当今全球化的社会发展实际，通过理论化、概念化、体系化的重新冶炼，不仅要创造性转化、创新性发展于新时代的历史人物评价研究，而且还要创造性转化、创新性发展于新时代中华民族的伟大复兴，和世界的共同价值、共同福祉、共同愿景中。

自党的十八大以来，习近平总书记多次强调中国优秀传统文化的创造性转化、创新性发展，多次强调文化自信，多次强调中华优秀传统文化是中华民族的精神命脉，是中华民族的根和魂。党和国家为何如此重视文化问题？根本原因就是认识到在世界面临百年未有之大变局之际，中华优秀传统文化在中华民族伟大复兴中不可或缺的重要作用。不论是中国历史，还是世界历史，每一次社会的重大进步和发展，都离不开文化、思想、知识正向的巨大变革，及其正向的引导；而其中的曲折、苦难无不是对这种正向文化、思想、知识的背离。我们不能不正视和继承优秀传统文化，因为这是创造现实与未来的根基。正如马克思所言："人们自己创造自己的历史，但是他们并不是随心所欲地创造，并不是在他们自己选定的条件下创造，而是在直接碰到的、既定的、从过去继承下来的条件下创造。"① 历史是一个民族、一个国家安身立命的基础，它的一大价值和功能就是整理和存储这个民族、国家或人类社会过往的记忆，记录下或善或恶等的重大事件，作为后人立身处世或治国理政的龟鉴。历史人物道德价值评价的最大价值就在于此，而绝不能仅仅囿于历史人物的是是非非。不管是孔子成《春秋》而乱臣贼子惧，还是司马迁"究天人之际，通古今之变"，抑或是《资治通鉴》"系生民休戚"，无不如此。

总之，重新审视历史人物评价的善恶褒贬问题，以及道德价值评判

---

① 《马克思恩格斯选集》第1卷，人民出版社2012年版，第669页。

所承载的文化精神，不论是对具体的历史人物研究，还是对坚定文化自信，促进社会秩序的和谐，促进文化认同、民族认同、国家认同，都有重要的学术价值和现实意义。回望历史，不论是有形的历代王朝，还是无穷无尽的物质世界都消失在历史长河中，而那些促进中华民族和人类文明不断发展，促进人世间真善美的文化及文化精神，却历久弥新。

第二章

史学传统中富有启示的思想资源

在中国传统文化的主体——儒释道中,"善"及"劝善"是极其重要的内容。例如耳熟能详的众多格言警句:"积德虽无人见,行善自有天知";"人为善,福虽未至,祸已远离;人为恶,祸虽未至,福已远离";"行善之人,如春园之草,不见其长,日有所增;作恶之人,如磨刀之石,不见其损,日有所亏";等等。这在世界文明体系中亦然,尽管表现形式千差万别。当下,我们国家社会主义核心价值观中的和谐、平等、爱国、诚信、友善等就是"善"的主要内容。[①] 这足见我们对"善"的重视、继承和发扬。党的十八大以来,习近平总书记多次强调中国传统文化的重要作用,屡屡强调要推动中华优秀传统文化的"创造性转化、创新性发展"。[②] 同时,中办国办印发了《关于实施中华优秀传统文化传承发展工程的意见》。[③] 可见,党和国家对中华优秀传统文化"创造性转化、创新性发展"的高度重视。不论在历史学、伦理学、宗教学等学科中,还是世界各大文明体系中,"善"都是一个极

[①] 胡锦涛:《坚定不移沿着中国特色社会主义道路前进 为全面建成小康社会而奋斗——在中国共产党第十八次全国代表大会上的报告》,人民出版社2012年版,第31—32页。

[②] 习近平:《在哲学社会科学工作座谈会上的讲话》,《人民日报》2016年5月19日第2版;《决胜全面建成小康社会 夺取新时代中国特色社会主义伟大胜利——在中国共产党第十九次全国代表大会上的报告》,人民出版社2017年版,第41页。

[③] 《关于实施中华优秀传统文化传承发展工程的意见》,《人民日报》2017年1月26日第6版。

其重要的概念、观念,其中蕴含着人之如何为人的重要思想。其在中国传统文化和社会主义新文化中有着极其重要的价值和意义。"善"之含义的基本特质不会因时空而改变,尽管其具体表现形态千变万化。将中国传统文化中的"善"之思想及行持理念,随缘运用于我们当下的现实生活、学术研究,乃至文化创造等社会各层面,也是一种"创造性转化";在不同领域不同方面不断创造"善"的新境界,也是一种"创新性发展"。

第一节　文化实践视域下《大学》"格物"释义辨析

"格物"出自《大学》,《大学》本是《小戴礼记》中的第四十二篇。《大学》在宋代以前并没有成为儒家的重要经典。韩愈、李翱是较早重视《大学》的人。到了宋代,二程把《大学》作为"初学入德之门",朱熹则把《大学》从《礼记》中单独抽出,并与《中庸》《论语》《孟子》合编为《四书》。[1]《大学》提出的"三纲领"(明明德、亲民、止于至善)、"八条目"(格物、致知、诚意、正心、修身、齐家、治国、平天下),对儒家思想乃至中华文化思想产生了深远影响。但是《大学》"格物"没有做出具体的界定,这就为后人对它的解释、演绎留下了巨大空间,致使千百年来,人们对"格物"的认知多有差异。明末刘宗周曾指出:"格物之说,古今聚讼有七十二家。"[2] 关于格物的诠释,主要有东汉郑玄的来物说、唐代李翱的复性说、北宋司马光的捍御说、程朱的格物穷理说、陆王的正心说等。

---

[1] 张岱年主编:《伦理中国:中华六家道德学说精要》,中国书籍出版社2019年版,第33页。
[2] (明)刘宗周:《刘宗周全集·大学杂言》(第二册),浙江古籍出版社2012年版,第618页。

就当今学界对"格物"的研究及学术史而言，在相关专著、文章、硕博学位论文中多有涉及，例如陈来的《有无之境：王阳明哲学的精神》《宋明理学》等。[①] 总体而言，对"格物"的考察有以下几个方面。第一，从训诂的角度阐释"格物"。"名可名，非常名"，若仅仅执于文字相而探求"格物"，则难解圣贤本意。第二，评析以往学术史中的各家观点，阐述自己的理解，提出自己的观点，乃至揣摩朱熹、王阳明等圣贤的观点，可谓各说各有理。第三，以西方的某些概念或方法如认识论、科学、实验等，对"格物"耕耘一番。这是否得要领，留给学界判断。正是鉴于《大学》的重要影响，以及千百年来人们对"格物"认知的差异及争论，有必要对"八条目"之首"格物"的主要释义正本清源。但本书无意于涉入学术史的是是非非，而是基于学术史的考察，从文化及实践的角度做一尝试性辨析。

从文化视域考察，可以历史长线看清"格物"在文化传承中的作用和地位，及其在历史中产生的重要影响。从实践视域着眼，可以区别于空乏的论说，或单纯学理的推演。理论或思想的自洽是一回事，能不能见之于行是另外一回事。不能见之于行的思想或理论，可能除了在本学科学术史上有一席之地之外，在整个文化史或历史上的地位则很难说。基于"实践"，是历史认识最为首要的基本观点。这对我们从"实践"上理解"格物"多有启示。第一，基于个体前人和今人的人生和社会实践；第二，基于中外人群的历史与现实实践；第三，基于历史和现实中民族与国家不同层面的实践。我们从三个层面的"实践"，设身处地地体验其中的经验教训、成败得失、喜怒哀乐，或许更能彻底理解"格物"的深刻内涵。

一 程颐、朱熹之前对"格物"释义重于"善恶"

东汉经学家郑玄在注中说："知，谓知善恶吉凶之所终始也。格，

[①] 陈来：《有无之境：王阳明哲学的精神》，北京大学出版社2013年版；陈来：《宋明理学》北京大学出版社2020年版。

来也。物,犹事也。其知于善深则来善物,其知于恶深则来恶物,言事缘人所好来也。此'致'或为'至'。"① 唐代经学家孔颖达解释说:"格,来也。己有所知,则能在于来物。若知善深则来善物,知恶深则来恶物。言善事随人行善而来应之,恶事随人行恶亦来应之。言善恶之来缘人所好也。'物格而后知至'者,物既来,则知其善恶所至。善事来,则知其至于善;若恶事来,则知其至于恶。既能知至,则行善不行恶也。"② 由此可见,他们所谓的"知",是知善恶,知善恶之物之事。张岱年在评价孔颖达对"格物"的解释时认为,"知"必然是善恶、是非之知。《大学》特别提出"知本",知本即认识到道德为本、修身为本。因此,《大学》把道德认识放在道德修养的起始非常合理。③

李翱在《复性书中》说:"物者,万物也。格者,来也,至也。物至之时,其心昭昭然明辨焉,而不应于物者,是致知也,是知之至也。"④ 对于"格"的解读,郑玄与李翱无异,但最根本的区别在于,前者是"来物"而后者是"物来",二者的指向性不同。李翱以物来而不染于心解读"格物",也就是从心体上认知"来物"但又不执着于"来物",这是对原有"格物"认识的超越。

司马光云:"人之情莫不好善而恶恶,慕是而羞非。然善且是者盖寡,恶且非者实多,何哉?皆物诱之也,物迫之也。桀纣亦知禹汤之为圣也,而所为与之反者,不能胜其欲心故也。盗跖亦知颜、闵之为贤也,而所为与之反者,不能胜其利心故也。不轨之民非不知穿窬探囊之可羞也,而冒行之,驱于饥寒故也。失节之臣,亦非不知反君事仇之可愧也,而忍处之,逼于刑祸故也。况于学者,岂不知仁义之美,廉耻之

---

① (汉)郑玄注,(唐)孔颖达疏:《十三经注疏·礼记正义·大学》(标点本),李学勤主编,北京大学出版社1999年版,第1592页。
② 《十三经注疏·礼记正义·大学》(标点本),第1595页。
③ 张岱年主编:《伦理中国:中华六家道德学说精要》,中国书籍出版社2019年版,第36页。
④ (唐)李翱撰,郝润华等校注:《李翱文集校注·复性书中》,中华书局2021年版,第20页。

尚哉？升斗之秩，锱铢之利诱于前则趋之如流水，岂能安展禽之黜，乐颜子之贫也？"司马光进而总结道："格，犹扞也，御也。能扞御外物，然后能知至道矣。"① 司马光把"格物"解为"扞御外物"，即抵御外物之诱，已经含有后人所主张的"格除物欲"之意。

二 程颐、朱熹"穷理至极"不能在实践根本上实现"明德"

程颐认为："格，至也，如'祖考来格'之格。凡一物上有一理，须是穷致其理。……须是今日格一件，明日又格一件，积习既多，然后脱然自有贯通处。"又说："物物皆有理。如火之所以热，水之所以寒，至于君臣父子间皆是理""格犹穷也，物犹理也，犹曰穷其理而已也。穷其理，然后足以致之，不穷则不能致也。"② 由此可见，程颐所谓的穷理既有外物之理又有伦常之理。至于天下万物之理如何格完，那就是循序渐进，一件件"格"下去，"自有贯通"。但问题的关键是，这对理解"八条目"致知之后的诚意、正心关系不大，可谓没有抓住问题的关键。前述司马光在《致知在格物论》中，所列举的种种事例，可谓是生动的例证。

总体而言，对"格物"的理解与阐释，朱熹与程颐的观点极为相似。其主要观点包括以下几个方面。

第一，朱子说"物"，指物也指事。他说："致，推极也。知，犹识也。推极吾之知识，欲其所知无不尽也。格，至也。物，犹事也。穷至事物之理，欲其极处无不到也。"③ 朱子所言的"物"既指"物"，也指"事"，也就是"心"之外的万事万物。格物穷理，也就是穷"心外"万事万物之理。

对"格物"理解的关键问题就在此。明代王阳明的关键是求理于

---

① （宋）司马光撰，李文泽等点校：《司马光集·致知在格物论》，四川大学出版社2010年版，第1449—1550页。
② （宋）程颢、程颐著，王孝鱼点校：《二程集》，中华书局1981年版，第188、247、316页。
③ （宋）朱熹：《四书章句集注·大学章句》，第5页。

"心内",也就是"心即理"。这也就决定了他们对"格物"理解及路径的差异。不论是朱熹等主张向"身外"即物穷理,还是王阳明主张"心外无理""心即理",都有其独到之处,而且两者可以互补。若执着任何一方,都会导致理论与思想方面的不足。但二者共同之处就是都认为或执着于有个"理"的存在。"道可道,非常道",这个理是即有非有,即无非无。也就是说,对其既不能执着"有",也不能执着"无"。另外,不论对"物"还是"理",既不能执着于"心外",也不能执着于"心内"。"物"与"理"可谓既在内又在外,既不在内又不在外。若执着于两端,在理论、思想和实践上终不会彻底。

第二,至于"格物"的路径,又说:"格物之论,伊川意虽谓眼前无非是物,然其格之也,亦须有缓急先后之序,岂遽以为存心于一草木器用之间而忽然悬悟也哉?且如今为此学而不穷天理、明人伦、讲圣言、通世故,乃兀然存心于一草木、一器用之间,此是何学问?如此而望有所得,是炊沙而欲其成饭也。"① 这也就是说,上至无极太极,下至一草一木一书,逐年累月一件件格,积习既多,自然有个贯通处,但此间亦有轻重缓急之分。"一旦豁然贯通焉,则众物之表里精粗无不至,而吾心之全体大用无不明矣。此谓物格,此谓知之至也。"② 又说:"大凡道理,皆是我自有之物,非从外得"③,"《大学》物格知至处,便是凡圣之关。物未格,知未至,如何煞也是凡人。须是物格知至,方能循循不已,而人圣贤之域"④。后人对"格物"的理解多继承朱熹的解释。

这里值得注意的问题是,在根本意义上,朱熹所言"格物"及"致知"在生活实践中行不通。其一,就人类社会至今的历史而言,穷尽天下事物之理,以求其极,即使圣人也难以做到,何况芸芸众生。对此,阳明"格竹"就是一个生动的实例。对此,王阳明也曾自述其事:

---

① (宋)朱熹:《朱子全书·晦庵先生朱文公文集》,上海古籍出版社、安徽教育出版社2002年版,第1756页。
② (宋)朱熹:《四书章句集注·大学章句》,第8页。
③ (宋)黎靖德编,王星贤点校:《朱子语类·大学四》,中华书局2020年版,第409页。
④ 《朱子语类·大学二》,第319页。

> 众人只说格物要依晦翁，何曾把他的说去用？我着实曾用来。初年与钱友同论作圣贤要格天下之物，如今安得这等大的力量？因指亭前竹子，令去格看。钱子早夜去穷格竹子的道理，竭其心思，至于三日，便致劳神成疾。当初说他这是精力不足，某因自去穷格。早夜不得其理，到七日，亦以劳思致疾。遂相与叹圣贤是做不得的，无他大力量去格物了。①

从王阳明自述来看，他早年亭前"格竹"，结果"不得其理"，于是放弃了朱熹所谓的"格物"。

第三，"穷理至极"与明明德、至善没有必然的关联，也有违《大学》本意。通过上述所引，我们看出朱子一方面认为大凡道理非从外得，但又向外即物而穷其理，以达内外贯通。另一方面，内外贯通即是凡圣之关。这里的问题是，"大凡道理，皆是我自有之物"，那么这个"自有之理"，来自哪里？又如何与外物之理相贯通？如何达到心之全体大用无不明？在这些引申问题上，说明朱子并未将心体或心之本体阐述清楚。因此，牟宗三认为，朱熹"将知识问题与成德问题混杂在一起讲，既于道德为不澈，不能显道德之本性；复于知识不得解放，不能显知识之本性"②。这里显示出一个关键问题是，"天理"非博学多闻的经验性知识，这两者之间有着天壤之别，前者绝非后者的简单相加。通过朱熹所说"格物"获得的经验性知识，可以作为认识和实践"天理"的补充与助缘。这就如同明末之后诞生的"格致学"，或当今自然科学，虽然在物质上可以造福世人，但解决不了世道人心的问题。就拿致力于外物探索的自然科学而言，在造福世间的同时，也带来了许多负面的影响。所以，自然科学的发展必须要有正向的价值引导，否则失去正知正念支撑的科技就会为祸人间。难道不是吗？已经发生的两次世界大

---

① （明）王守仁著，吴光等编校：《王阳明全集·传习录下》，上海古籍出版社2011年版，第136页。
② 牟宗三：《心体与性体》（上），上海古籍出版社1999年版，第43—44页。

战，以及当今全球所面临的核战争、生化战争的威胁，生态环境的恶化等重大问题，无不闪现着科技的身影。因此，朱子所言学理上说得通，但与《大学》所秉持的"修身为本"相违背。即："自天子以至于庶人，壹是皆以修身为本，其本乱而末治者否矣。其所厚者薄，而其所薄者厚，未之有也"①。这也就是说，对事理的明了或一定知识的掌握，对正心、诚意、明明德有一定的关系，但不具有必然的关联。

三 "为善去恶"与"格除物欲"说更符合《大学》本义，且更具实践意义

王阳明在其著名的四句教中提出"为善去恶是格物"之说。② 而"为善去恶"的目的就是"去其心之不正，以全其本体之正"③。他说："所谓致知格物者，致吾心之良知于事事物物也。吾心之良知，即所谓天理也。致吾心良知之天理于事事物物，则事事物物皆得其理矣。致吾心之良知者，致知也。事事物物皆得其理者，格物也。是合心与理而为一者也。"④ 又说："致知必在于格物。物者，事也，凡意之所发必有其事，意所在之事谓之物。格者，正也，正其不正以归于正之谓也。正其不正者，去恶之谓也。归于正者，为善之谓也。"⑤

民国高僧印光对"格物"的阐释在语言上与王阳明稍有不同，但意思相近。他认为"格物"，"格除幻妄私欲物"，即"格除物欲"。这在《印光法师文钞全集》中多有阐述。佛教自东汉传入中国以来，对中华文化产生了深远影响，并融合为其中不可或缺的组成部分。一方面，宋明理学本身，就受释道影响而成；另一方面，佛教基于修行实践，绝不是仅仅静态文字的空论或理论推演。这些都为我们从文化及实践视域理解"格物"提供了宝贵素材。另外，印光由儒入释，对道学

---

① 《十三经注疏·礼记正义·大学》（标点本），第1592页。
② 《王阳明全集·传习录下》，第133页。
③ 《王阳明全集·传习录上》，第7页。
④ 《王阳明全集·传习录中》，第51页。
⑤ 《王阳明全集·大学问》，第1071页。

也有所涉猎。他曾在普陀山法雨寺藏经楼潜修20余年，其中1897—1903年曾两度六年闭关专门阅览《大藏经》，又于1930—1940年闭关苏州报国寺和灵岩寺潜修。因此，他对"格物""明明德"别有一番体悟，其阐释也别有一番究竟。为了对"格物"有更深刻的理解，我们将印光之解释摘录如下：

1. 圣人修己治人之道，以明明德为本。明明德之初步工夫，即是格物。物，即贪嗔痴慢之人欲也，格而去之，则本有良知，自然显现。良知显现，则不能不意诚心正而身修矣。学者由此源头而学，方为实学。①

2. "大学之道，在明明德。"然明德，乃人各自具。由无克念省察之功，则明德被幻妄私欲所蔽，不能显现而得受用。其明之之法，在于克念。克念之工夫次第，在于修身、正心、诚意、致知、格物。物者何，即随境所生，不合天理，不顺人情之幻妄私欲，非外物也。由此私欲固结于心，则所有知见，皆随私欲而成偏邪。②

3. 修身、正心、诚意、致知，皆所以明明德也。倘自心本有之真知为物欲所蔽，则意不诚而心不正矣。若能格而除之，则是慧风扫荡障云尽，心月孤圆朗中天矣。此圣人示人从泛至切从疏至亲之决定次序也。若穷尽天下事物之理，俾吾心知识悉皆明了，方能诚意者。则唯博览群书遍游天下之人，方能诚意正心以明其明德。未能博览阅历者，纵有纯厚天姿，于诚意正心，皆无其分，况其下焉哉。有是理乎？③

4. 穷尽天下事物之理，虽圣人亦决做不到。但能格除自己心中私欲之物，则天下事物之理，悉可穷尽矣。心之私欲，举其重者，即贪、嗔、痴、财、色、货利、声名、势位，凡有嗜好者，皆

---

① 释印光：《印光法师文钞全集·印光法师文钞续编卷下·〈道德丛书〉序》，第894页。
② 《印光法师文钞续编卷下·〈挽回失道人心标本同治录〉序》，第824页。
③ 《增广印光法师文钞卷三·〈袁了凡四训〉铸版流通序》，第324页。

为私欲。……圣人教人格致诚正修齐治平之法，乃教人从近至远，从亲至疏，令心中之人欲格除，则本具之良知自现。从兹意诚、心正、身修、家齐、国治、天下平。岂穷尽天下事物之理，方能诚意正心乎。如此而言，非读尽世出世间一切书，游遍各国者，便无诚意正心之希望矣。须知格除私欲，以致良知，而诚意正心，虽一字不识之人，亦做得到。若穷尽天下事物之理，以求至于其极，虽圣人也做不到。①

5. 故孔子欲人明明德，而以格物为本。物者何？即自心不合理之私欲也。格者何？如勇夫与贼战，必期私欲相率远遁也。自心之私欲既去，则本具之正知自显。是是非非，悉皆明了。意诚心正而身修矣。然则格物一事，乃明明德之根本。既能格私欲之物，断无不合理之邪知谬见。由是而进修不已，欲不到圣贤地位，不可得也。惜世多不察，率以推极吾之知识，穷尽天下事物之理，为致知格物。是以枝末为根本，以根本为枝末，其失大矣。②

印光法师对"格物""明明德"的阐释更为彻底，这也可在道教《清净经》，和佛教《坛经》《楞严经》等释道经典中寻得依据。另外，佛门中也多有法师与印光法师同见。例如，宣化上人释曰："什么是'格物'？就是格除物欲，格除自己的私欲、杂念。物欲包括一切财、色、名、食、睡的欲。"③ 宣化上人对"格物"与"物欲"的解释与印光法师相一致。总而言之，将"格物"阐释为"格除物欲"更为彻底，因为"物欲""私欲"尚在心中，还没有外显为善恶，更不易被发现，甚至微细到难以被察觉。

除了上述印光所列，对物欲、私欲或人欲，儒释道经典中亦多有详细阐释。例如《乐记》云："人生而静，天之性也。感于物而动，性之

---

① 《印光法师文钞续编卷上·复周法利居士书三》，第796页。
② 《印光法师文钞三编卷三·无锡佛教净业社第二期年刊序》，第1642—1643页。
③ 宣化上人：《宣化上人开始录》（第4册），宗教文化出版社2015年版，第111页。

欲也。物至知知，然后好恶形焉。好恶无节于内，知诱于外，不能反躬，天理灭矣。夫物之感人无穷，而人之好恶无节，则是物至而人化物也。人化物也者，灭天理而穷人欲者也。于是有悖逆诈伪之心，有淫泆作乱之事。是故强者胁弱，众者暴寡，知者诈愚，勇者苦怯，疾病不养，老幼孤独不得其所，此大乱之道也。"①

当今学人陈来借助康德《实践理性批判》中关于理性命令与感性欲望，来界定人欲。这对我们理解何为"物欲"，以及为何"格除物欲"很有帮助。其主要理论和观点包括以下几个方面。其一，感性欲望肯定不能作为社会普遍道德法则，因为基于感性欲望的原则只能引导到快乐主义。如果人用以指导行为的原则是基于对快乐或痛苦的感受，那么，尽管这个原则可以成为他自己的人生准则，但绝不可能成为社会的普遍性道德法则。其二，真正的道德行为必须是服从理性命令，而不能有利己的好恶之心。孔子的"克己"，孟子的"取义"，到宋明理学的天理人欲之辨，与康德的基本立场相一致。宋明儒者所说的"存天理、去人欲"，在直接的意义上，"天理"指社会的普遍道德法则，而"人欲"并不是泛指一切感性欲望，而是指与道德法则相冲突的感性欲望。其三，在公与私的关系中，如何界定私的范围以肯定人的生命需要与社会发展活力，尚需研究，但道德的本质是对感性冲动加以限制，其限制的具体程度与范围随社会变迁而变化。②

结　论

前述各家对"格物"的解释重在善恶，以及王阳明"去心不正"、"为善去恶"与"格除物欲"说，在内涵上相近，更符合《大学》本义。不但在思想上与"三纲领""八条目"相圆融，而且能够在不同程度不同层次上见之于人的生活实践，以及德性修养的提高。

第一，"格物"与"三纲领"、"八条目"相融通。格除私欲才能明

---

① 《十三经注疏·礼记正义·大学》（标点本），第1083—1084页。
② 陈来：《宋明理学·引言》，北京大学出版社2020年版，第2—3页。

德，才能诚意正心，修齐治平，才能止于至善。

第二，止、定、静、安、虑、得，即"知止而后有定，定而后能静，静而后能安，安而后能虑，虑而后能得"。① 儒家的礼仪规范，如"非礼勿视，非礼勿听，非礼勿言，非礼勿动"②。就是让人有所"止"，有所"不为"。释道的种种戒律也具有这种"止"的意思，它们都具有节制私欲的功能。另外，道家和释家的戒定慧三学，也与《大学》所言止、定、静、安、虑、得相通。

第三，值得注意的是，格物、致知、正心、诚意、修身、齐家、治国、平天下并不是一个单一的过程，而是双向的，不但相辅相成，而且相反相成。这在《大学》中阐述得很清楚，但往往容易忽视这个"相反相成"。大家耳熟能详的具体表述如下："大学之道，在明明德，在亲民，在止于至善。知止而后有定，定而后能静，静而后能安，安而后能虑，虑而后能得。物有本末，事有终始。知所先后，则近道矣。古之欲明明德于天下者，先治其国。欲治其国者，先齐其家。欲齐其家者，先修其身。欲修其身者，先正其心。欲正其心者，先诚其意。欲诚其意者，先致其知。致知在格物。物格而后知至，知至而后意诚，意诚而后心正，心正而后身修，身修而后家齐，家齐而后国治，国治而后天下平。"③ 行有不得，反求诸己。④ 这是除了伦理、道德、价值之外，优秀传统文化给予我们的一个有重要价值的思想和启示。这同样在《大学》"八条目"上得到充分体现。

第四，从根本上讲，"格物"重在实践修养，绝非仅仅知识性的阐释，更非静态文字的思考。理论的自洽是一回事，能不能见之于实践是另外一回事。前述王阳明"格竹"即是一例。若将"格物"解释为"穷其至理"，不但与"三纲领""八条目"在思想和逻辑上不圆融，从根本

---

① 《十三经注疏·礼记正义·大学》（标点本），第1592页。
② 《论语注疏·颜渊》，阮元校刻：《十三经注疏》，第2502页。
③ 《十三经注疏·礼记正义·大学》（标点本），第1592页。
④ "行有不得者，皆反求诸己"，出自《孟子·离娄上》（《孟子注疏·离娄章句上》，阮元校刻：《十三经注疏》，第2718页。）

上也难见之于人们的生活实践。比如，古今中外，前人和今人的人生和社会实践。马克思说："社会生活在本质上是实践的。凡是把理论诱入神秘主义的神秘东西，都能在人的实践中以及对这个实践的理解中得到合理的解决。"① 这对我们基于生活实践去理解"格物"，具有很大启示。

总之，"格物"是中国传统文化中的一个重要概念，"格物"是《大学》"三条目""八条目"的根本所在。对它的阐释，涉及儒释道中一个最基本的问题，即在根本上如何明明德，如何止于至善。"经"的本意是织布机上的纵线，引申为人所行之路，所行之道。也就是说，中国文化中能够称为"经"的著作，绝不仅仅是阐述一种学理，而是旨在开辟或指示人们所走的路，所行的道。其本身既重视"理"的阐述，更重视"行"的实践。因此，生活的实践的观点，是研习中华文化经典首要的最基本的观点。若仅仅以学理的视角解读"经"，难得其中要领。将"格物"释读为"格除物欲或私欲"，不仅在根本上符合《大学》等儒释道经典的本义，而且更能在方方面面见之于人的生活，有利于人们德性修养的提升和世道人心的纯净。

第二节　明德：印光"劝善"思想研究

近代以来，国势衰微，外敌入侵，内忧外患，民不聊生。印光（1861—1940），感于"天下不治，匹夫有责"，以出世心行入世事，积极从事劝善活动。其主要内容汇集于《印光大师全集》、《印光大师文钞》和《印光法师文钞全集》。② 另外，自2008年以来北京大方广华严书局对文钞进行分类选编，出版了《印光法师话家庭教育》《印光法师

---

① 《马克思恩格斯选集》第1卷，人民出版社2012年版，第139—140页。
② 《印光大师全集》，马来西亚净宗学会印赠，台湾福峰彩色印刷有限公司承印1996年版；印光法师：《印光法师文钞》（全七册），巴蜀书社2016年版；释印光：《印光法师文钞全集》，团结出版社2013年版，第1160页。

话慈善公益》《印光法师话素食护生》《印光法师话处世为人》《印光法师话养性修身》《印光法师论儒学》等。① 2015 年，弘化社依据文钞也进行了类似选编，出版了《印光法师说佛教圆满的慈善》《印光法师因果文集》《印光法师话孝道、家庭教育及专修净土》《印光法师戒杀护生问答》《印光法师论女德教育》等。② 此外，东方出版社出版的《印光大师口述》③，弘化社编《印光法师嘉言录》《印光法师永思集》④，以及余池明编著的《印光法师的故事》和《印光法师年谱》等大作也对其"劝善"思想及作为有所记述。⑤ 同时，诸多期刊论文或硕博学位论文对其慈善、家庭教育、戒杀护生等均有所研究。本文在全面梳理印光法师"劝善"活动、书序、书信等的基础上，聚焦其"劝善"思想。即"敦伦尽分、闲邪存诚、诸恶莫作、众善奉行、戒杀护生、爱惜物命、信愿念佛、往生极乐等。"印光法师不仅以语言而且以实实在在的行为诠释他的劝善思想，因而具有突出特点，即心系民生疾苦，力倡因果报应；心怀天下太平，重视家教母教；圆融儒释道，出世入世相结合；力戒虚言，知行合一。不论是印光法师的劝善思想，还是其劝善行为，对当今社会依然具有重要的学习和借鉴价值。

一　心系民生疾苦，力倡因果

"天下不治，匹夫有责"⑥，是印光"劝善"思想的宗旨和基点。近代以来，我国外有列强入侵，内有军阀混战，天灾人祸连年不断，内外交困，国家民族处于生死危难之际。正是出于这种对国家、民族、民生

---

① 印光法师：《印光法师话慈善公益》《印光法师论儒学》《印光法师话家庭教育》《印光法师话处世为人》《印光法师话养性修身》《印光法师话素食护生》，华东师范大学出版社 2012 年版。
② 弘化社主编：《永久纪念印光法师》（全 5 册），宗教文化出版社 2015 年版。
③ 印光大师：《印光大师口述》，东方出版社 2016 年版。
④ 弘化社编：《印光法师嘉言录》《印光法师永思集》，巴蜀书社 2016 年版。
⑤ 余池明编著：《印光法师的故事》，华东师范大学出版社 2012 年版；《印光法师年谱》，巴蜀书社 2015 年版。
⑥ 《印光法师文钞全集》之《三编卷一·复万梁居士书一》，第 1177 页；《三编卷一·复陈飞青居士书三》，第 1242 页；《三编卷四·复白慧导女士书》，第 1844 页。

和社会现实的关切,和忧民报国之心,印光一方面积极参与或承办社会慈善事宜,如赈灾济急、慈幼办学、义庄安老、治病救人、关怀残疾、禁戒烟毒、监狱说法、施棺建塔、修桥铺路等。① 另一方面力倡因果,力行劝善,探究国家兴衰之源,阐明天下太平之道。这可从其对当时积贫积弱、民不聊生的原因分析中,见其拳拳之心。

第一,不依礼义。印光认为近代中国落后贫弱的原因在于丧失仁义,丢失八德,昧于因果。他说:"中国之贫弱,由于不依礼义,依礼义何至贫弱?试问贫弱之因,何一不是贪赃受贿以利外人乎?……中国则人各异心,纵有同者,外人以贿诱之,则随贿所转,不但不顾国与民,并将自身亦不顾,谓为奉行礼义之失,其可乎哉?……然欲救世,非自己躬行,断无实效。"② 这种观点在当时学习西方"船坚炮利"和"进化论"的映照下中国积贫积弱的面相上虽显偏颇,但在深层上直中要害。由此,印光法师感叹"善无以劝,恶无以惩,以驯至于废经废伦,争城争地,互相残杀,莫之能止"③。

第二,自私自利之心。印光言:"现今世道之乱,实为振古所未闻。推原其故,皆由自私自利之心所酿成。由其存一自私自利之心,则损人利己、伤天害理之事,任意竞为。孝弟忠信礼义廉耻之道,邈然不顾。是以世道人心,日趋于黑暗,无由得到正大光明之域。"④ 虽出身佛家,但在印光"劝善"思想中,儒家一些重要思想及价值观念是重要内容,如八德、慎独、明明德、克己复礼、格致诚正、修齐治平等。在此彰显出其"劝善"圆融儒释的特点,既汲取儒家之精华,又吸收佛家之妙理。在印光看来,儒释虽功夫发挥深浅不同,但"儒佛之本体,固无二致"。⑤ 这对其"劝善"效果,可谓异曲同工。

---

① 参印光法师《印光法师话慈善公益》,华东师范大学出版社2012年版。
② 《印光法师文钞全集·增广卷一·复袁福球居士书》,第144—145页。
③ 《印光法师文钞全集·续编卷下·〈物犹如此〉序》,第918页。
④ 《印光法师文钞全集·续编卷下·〈到光明之路〉序》,第879页。
⑤ 参《印光法师文钞全集》之《增广卷二·复汤昌宏居士书》,第220—221页;《增广卷三·〈儒释一贯〉序》,第404—406页;《增广卷三·佛川敦本学校缘起序》,第418页;《三编卷三·复福州佛学社书》,第1570—1571页。

第二章 史学传统中富有启示的思想资源

第三，不明因果。印光认为："今日世道陵夷，人心陷溺，所以至于此极者，皆由不明因果报应之理所致。"① 可以说，力倡因果既是印光法师劝善的重要特点，也是其劝善的重要内容。他认为："因果者，世出世间圣人，平治天下，度脱众生之大权也。"② 但世人对此不察，以致善无以劝，恶无以惩，争名遂利，杀人盈城而不止。③

就因果而言，并非佛家固有，也是儒家和道家的重要思想。这在诸多经典中多有详细记述。

《周易》记曰："积善之家，必有余庆；积不善之家，必有余殃。"④

《周易·系辞传下》又曰："善不积不足以成名，恶不积不足以灭身。……故恶积而不可掩，罪大而不可解。"而"德薄而位尊，知小而谋大，力小而任重，鲜不及矣"。⑤

《尚书·伊训》有曰："作善降之百祥。作不善降之百殃。尔惟德罔小，万邦惟庆；尔惟不德罔大，坠厥宗。"⑥

《尚书·大禹谟》有曰："惠迪吉，从逆凶，惟影响。"⑦

《太上感应篇》记曰："祸福无门，惟人自召。善恶之报，如影随形。"⑧

在印光法师的"劝善"书序和书信中，屡屡提及上述儒道关于因果的记述，并结合具体缘起加以阐述。例如：

---

① 《印光法师文钞全集·续编卷下·示殷德增母子法语二则》，第990页。
② 参《印光法师文钞全集》之《增广卷一·与聂云台居士书》，第131页；《续编卷上·与魏梅荪居士书》，第745页；《续编卷下·〈到光明之路〉序》，第879页；《续编卷下·〈蛰园札记〉序》，第929页；《三编卷一·复叶玉甫居士书》，第1104页；《三编卷一·复陈飞青居士书三》，第1242页；《三编卷二·复卓智立居士书一》，第1401页；《三编卷四·〈印光法师嘉言录〉题辞一》，第1701页；《三编卷四·〈印光法师嘉言录〉题辞一》，第1702页。
③ 《印光法师文钞全集·增广卷四·因果为儒释圣教之根本说》，第512页。
④ 《十三经注疏·周易正义·坤·文言》，中华书局1980年版，第18、19页。
⑤ 《十三经注疏·周易正义·系辞传下》，第88页。
⑥ 《十三经注疏·尚书·伊训》，第163页。
⑦ 《十三经注疏·尚书·大禹谟》，第134页。
⑧ 《弟子规 太上感应篇 十善业道经》，团结出版社2014年版，第12页。

故孔子之赞《周易》也，最初即曰："积善之家，必有余庆。积不善之家，必有余殃。"夫积善，积不善，因也。余庆，余殃，则果矣。……箕子之陈《洪范》也，末后方说："向用五福，威用六极。"五福，六极，乃示前生之因，为今生之果。①

另外，印光感于人们对因果不信，而此事又意义重大。于是，他将因果阐释与《二十四史》相结合。他在《因果为儒释圣教之根本说》中提出疑问：《春秋左传》及二十二史中，善恶报应之事多不胜书，难道"历代作史者，皆为惑世诬民之罪人矣，有是理乎哉？"②因此，印光曾写信给魏梅荪居士指出，如果将《二十二史感应录》增补而成全书，"实为国家人民之幸"。另一方面他也指出春秋笔法在世间的不究竟性，即："孔子作《春秋》，以褒贬，令乱臣贼子惧。然乱臣贼子，实于褒贬无所惧，以其唯一空名言耳，究竟于我何伤"。因此，他认为如果将二十二史之因果事迹，一一录出，则"续孔子褒贬之心法，以教天下后世"。③在与康寄遥居士的通信中，也提到将《二十二史感应录》增补问题，认为"此录一成，刊印数万部，或可为未来作太平之基"④。

最终，印光与魏梅荪、许止净、聂云台等居士遍阅《二十四史》，择其因果报应之显著者，录为一书，即《历史感应统纪》。他在序中言："历史者，古今治乱贤愚之陈迹也。感应者，古今得失吉凶之征验也。历史多矣，孰能一一遍读。故特撮取感应事迹之显著者，统而纪之，以贡同伦，用作格致、诚正、修齐、治平之鉴。……修如是因，得

---

① 《印光法师文钞全集·续编卷下·〈挽回失道人心标本同治录〉序》，第825页。又，参《增广卷三·绍兴何阆仙〈家庆图〉序》，第309页；《续编卷下·〈佛学救劫编〉序》，第883—887页；《续编卷下·〈纪文达公笔记摘要〉序》，第899—900页；《续编卷下·婺源县内成立佛光分社发隐》，第984—986页；《三编卷二·复念佛居士书》，第1388—1389页；《三编卷三·无锡佛教净业社第二期年刊序》，第1642—1643页；《三编卷三·〈因果实证〉序》，第1653—1654页。
② 《印光法师文钞全集·增广卷四·因果为儒释圣教之根本说》，第513—514页。
③ 《印光法师文钞全集·续编卷上·与魏梅荪居士书》，第750—751页。
④ 《印光法师文钞全集·三编卷三·复康寄遥居士书四》，1615页。

如是果。如种瓜得瓜，种豆得豆。若欲免恶果，必须修善因。倘或造恶因，断难得善果。"① 与《二十四史》相结合，编成《历史感应统纪》，可谓是印光法师圆融儒释阐释因果的杰作。

正是本着"天下兴亡，匹夫有责"的豪情，印光屡屡规劝人们深信因果、闲邪存诚、克己复礼、诸恶莫作、众善奉行，及敦行孝悌忠信礼义廉耻八德，行"格致诚正，修齐治平"之事，以自明明德，而止于至善。他指出："种瓜则得瓜，种豆则得豆，既造如是因，必感如是果，决不至为求自己安富尊荣，致令杀人盈城盈野，以及国运危岌，民不聊生也。"② 进而言之："使天下之人，同皆知因识果，则贪瞋痴心，不至炽盛；杀盗淫业，不敢妄作。爱人利物，乐天知命。……唯冀阅者，彻底洗涤自私自利之心，以自明其明德，则天下幸甚。"③ 由此可见其"劝善"的良苦用心。世间有些人认为出家人是消极避世，从印光等历代大德祖师弘法利生实实在在的作为看，此乃偏颇之误解。

二 重视家教母教

印光认为，世间最大之功德，莫过于善教儿女。世间最大之罪业，莫过于不教儿女。儿女贤则有益于国家社会，不贤则有损于国家社会。④ 因此，他在多种场合，对在家居士不厌其烦地阐明家教母教的重要作用，屡屡强调：家庭教育为"天下太平之根本"⑤ "挽救世道人心之至极要务"⑥ "匹夫匹妇敦本尽分，培植贤才之天职"⑦。其家教母教劝善思想集中体现在他于1938年撰写的《家庭教育为天下太平之根本发隐》一文中，而在其他书序、书信中也有不同层面的展开。

---

① 《印光法师文钞全集·续编卷上·〈历史感应统纪〉序》，第841页。
② 《印光法师文钞全集·增广卷三·〈教诲浅说〉序》，第425页。
③ 《印光法师文钞全集·续编卷下·〈到光明之路〉序》，第880页。
④ 《印光法师文钞三编卷一·复陈飞青居士书三》，第1242页。
⑤ 《印光法师文钞全集·续编卷下·家庭教育为天下太平之根本发隐》，第981页；《续编卷下·〈劝世白话文〉发隐序》，第875页。
⑥ 《印光法师文钞全集·增广卷三·〈教诲浅说〉序》，第424页。
⑦ 《印光法师文钞全集·三编卷四·〈印光法师嘉言录〉题辞一》，第1701页。

(一) 善教儿女，父母敦伦尽分为基

印光认为，敦伦之义包含很广，孝亲敬长是其小者，而善教儿女才是大者。"天下太平，人民安乐之基，皆于教儿女中含之。"① 而那些瞎捣乱之人，究其根源，皆因其父母未尝教之以为人之理、因果之实。② 对善教儿女不尽职的一些在家人，他极力规劝，语气激烈至极。如他在给一位在家居士的去信中说：

> 汝与德森师书，说一年半后，当以家事推于汝妻，来苏专心修持净业，光绝不以为然。若汝妻是明理之人，善能持家教子，则固无不可。彼乃无知无识之人，汝将未能成立之二子交彼管，是汝置二子于下流类中，大失为父之天职。于二子，则为不慈，于祖先父母，则为不孝，于佛法，则为违背归戒。……汝若决定不依我说，我也无法令汝定依。决不许汝住报国寺，此则我或可做到。再不然，我亦不妨回陕，非定要在报国了此余生也。……此语本不愿说，以汝所虑，殊失父职，故以我之绝无关系之职说之。③

这里印光法师以离开报国寺相敦劝，可见其心切至极。由此，我们也就不难理解他屡屡强调"父母敦伦尽分乃善教儿女之基"的深意。

(二) 母教是贤才蔚起之根本

在与居士的通信中，印光屡屡强调母教的重要作用，屡屡强调"治家平天下之权，女人家操得一大半"，家庭教育"母教尤重"。④ 他认为，若世无良母，则不但国无良民，而且家无良子。所以，"欲家国崛

---

① 《印光法师文钞全集·三编卷一·复神晓园居士书》，第1157页。
② 《印光法师文钞全集·续编卷上·复沈来沨居士书》，第713页。
③ 《印光法师文钞全集·续编卷上·复念佛居士书》，第794页。
④ 参《印光法师文钞全集》之《增广卷四·冯平斋宜人事实发隐》，第518页；《增广卷四·〈江母郭太夫人西归事略〉发隐》，第521页；《续编卷下·示殷德增母子法语二则》，第991页；《三编卷一·复焦易堂居士书》，第1153页；《三编卷一·复朱仲华居士书一》，第1161页；《三编卷三·复慧淑、慧庆两居士书》，第1539页；《三编卷四·上海护国息灾法会法语》，第1866页。

兴，非贤母则无有资助矣"①。对母教的许多细节，在《复李慰农居士书七》《复王悟尘居士书一》《复叶玉甫居士书》《复马宗道居士书三》《复智牧居士书》《复陈士枚居士书四》《复陈士枚居士书八》《复张纯一居士书》《复白慧导女士书》等诸书信中多有展开，可谓悲心至极。②

一方面，鉴于胎教始于禀质之初，对儿女的未来影响甚大，印光法师劝导人们重视胎教。他强调，母教第一是胎教。因为："凡女人受孕之后，务必居心动念行事，唯诚唯谨，一举一动，不失于正。尤宜永断腥荤，日常念佛，令胎儿禀受母之正气"③。胎儿禀受正气，则天性精纯，生后再加以教化，无有不成为善人。④

另一方面，与强调母教相呼应，他进一步强调"教女"的重要性，乃至提出"教女尤要""教女比教子关系更大"等思想。⑤ 这是因为，贤母由贤女而来，若无贤女则无贤母。"人之初生，资于母者独厚，故须有贤母方有贤人。而贤母必从贤女始。是以欲天下太平，必由教儿女始。而教女比教子更为要紧。"⑥

（三）善教儿女之举措

印光不仅提出世道荒乱之源，是为家庭无善教所致；而且在敦劝人们善教儿女中提出自己独到的见解。

其一，儿女从小有善教。除了强调母教之胎教外，印光认为，教化须从幼小时起，若小时不教，大则难以为力。所以他敦劝人们教育子女

---

① 《印光法师文钞全集·增广卷二·复永嘉某居士书一》，第150页。
② 参《印光法师文钞全集》之《增广卷一·复聂云台居士书》，第131—132页；《续编卷上·复张纯一居士书》，第723页；《三编卷一·复叶玉甫居士书》，第1104页；《三编卷一·复李慰农居士书七》，第1237—1238页；《印三编卷二·复王悟尘居士书一》，第1480页；《三编卷二·复陈士枚居士书四》，第1364页；《三编卷二·复陈士枚居士书八》，第1369页；《三编卷三·复马宗道居士书三》，第1513页；《三编卷四·复白慧导女士书》，第1845页。
③ 参《印光法师文钞全集·续编卷下·家庭教育为天下太平之根本发隐》，第981—983页。
④ 《印光法师文钞全集·三编卷三·上海护国息灾会法语》，第1865页。
⑤ 参《印光法师文钞全集》之《增广卷一·与聂云台居士书》，第131页；《增广卷一·复江易园居士书》，第133页；《三编卷一·复朱仲华居士书一》，第1160—1161页；《三编卷一·复夏寿祺居士书》，第1181页；《三编卷三·复慧淑、慧庆两居士书》，第1539页；《三编卷三·复慧海居士书八》，第1595页。
⑥ 《印光法师文钞全集·三编卷一·复万梁居士书一》，第1177页。

"为好人,存好心,说好话,做好事";"教以孝悌忠信礼义廉耻之道";教其敬事尊长,敬惜字纸,爱惜五谷、衣服、什物,护惜虫蚁。若果能如此,则儿女长大一定贤善。若人人能如此,则灾难自消,国家常蒙其护。①

其二,遗子黄金满籯,不如教子一经。印光言:"古人云,遗子黄金满籯,不如教子一经。"② 这里所说的经,主要指四书等儒家经典,也包括道家《太上感应篇》《文昌阴骘文》等重要的劝善经典。这在《复永嘉某居士书四》等书信中有比较全面的叙述:

> 凡属子女,必须从幼教以孝弟忠信,勤俭温恭。至其长而入学读书,方有受益之基。……及能读书,即将《阴骘文》、《感应篇》,令其熟读,为其顺字面讲演之。③

印光旨在规劝在家人,切不可漫无礼法,以致家规废弛,儿女无所取法。如果儿女子孙小时候即知孝悌忠信礼义廉耻等道理,大了定不会越礼犯科,为非作奸。④

其三,家教不当,遗祸无穷。印光在与诸多居士的通信中,倍加强调家教不当而遗祸无穷的后果。如果儿女小时任性顽劣,概不教训,大了不是庸流,便成匪类。他在《复张佩芬慕兰居士书》中言:"大家只知溺爱而不知教育。以致养成败类,互相残杀。弄得国不成国,民不成民。"⑤ 而此追根溯源,皆由小时父母不教所致,所以教育儿女不能

---

① 参《印光法师文钞全集·续编卷上·一函遍复》,第 608 页;《三编卷三·上海护国息灾法会法语》,第 1863 页。
② 《印光法师文钞全集·增广卷二·复周孟由昆弟书》,第 235 页。
③ 《印光法师文钞全集·增广卷一·复永嘉某居士书四》,第 91—92 页。又,参《增广卷二·与永嘉某居士书》,第 210—213 页;《续编卷上·复金益平居士书二》,第 763 页;《续编卷上·复念佛居士书》,第 785 页。
④ 《印光法师文钞全集·三编卷一·复李慰农居士书五》,第 1235—1236 页。
⑤ 《印光法师文钞全集·三编卷一·复张佩芬慕兰居士书》,第 1166 页;《三编卷三·复朱石僧居士书二》,第 1610 页。

不慎。

综观印光对家教母教的高度重视,他所站高度绝非仅仅一家一姓,而是与"天下不治,匹夫有责"的宗旨相关,与其希望天下太平的善愿相关。中华民族有一个非常独特的文化现象,就是自古以来特别注重家庭、家风、家教。家庭是一个人道德素养开始养成的地方,也是一个人道德修养的根系所在。在一个人的人生历程中,对其影响最大的往往并不是学校,而是家庭。可以说,印光倡言家庭教育为"天下太平之根本",规劝人们重视家教母教,对当下的家风家教具有重要的启发和借鉴意义。好的家教带来好的家风,好的家风培养好的孩子。家庭有善教,国家有贤才。由此,才能更好地助力社会的和谐稳定和国家的繁荣发展。

三 圆融儒释道,出世入世相结合

印光"劝善"思想可概述为敦伦尽分、闲邪存诚、诸恶莫作、众善奉行、戒杀护生、爱惜物命、信愿念佛、往生极乐等。[①] 若再细分,则为孝亲、友爱、敬师、蔬食、惜字、惜谷、惜阴、仗义、清廉、知耻、尽忠、守信、仁慈、不杀生、不偷窃、不邪淫、不说谎、不赌博、不奢侈、不傲慢、不忌妒、不偏见、不迁怒、不耻问等。[②] 印光在对这些思想的诠释上,一个很大的特点就是圆融儒释道,出世入世相结合。这使他的劝善不但在义理上更为圆融,而且也更容易被人们所接受。

(一)敦伦尽分

印光所言"敦伦尽分",主要体现为五伦八德、格致正诚、修齐治平。这些在印光法师的劝善书信中被苦口婆心地屡屡强调,称孝悌忠信

---

① 参《印光法师文钞全集》之《三编卷一·复朱仲华居士书一》,第1160页;《增广卷二·复冯不疚居士书》,第236页;《续编卷上·一函遍复》,第607页;《续编卷下·〈物犹如此〉序》,第917页;《三编卷二·复蔡契诚居士书三》,第1432页;《三编卷三·复开生、宁生昆季书二》,第1491页;《三编卷三·复李慧基居士书》,第1605页;《三编卷三·复朱石僧居士书二》,第1609页。

② 《印光法师文钞全集·三编卷四·德育启蒙》,第1901—1906页。

礼义廉耻，乃"做人之规矩准绳""立身行道，治国安民"之根本。①

更甚者，他以"天地人三才论"来彰显敦伦尽分之重要。他强调：人身不过数尺，寿不过数旬，之所以与天地并称三才，是因为能继往圣开来学，补天地化育之功。否则如行尸走肉，怎么能与天地并称"三才"？②他进而言："若只知饮食男女，不知孝弟忠信礼义廉耻，则较禽兽为恶劣。"③由此可见，他对"敦伦尽分"的重视程度。

（二）闲邪存诚

印光所言善恶的具体内容很多，而主要集中于"十善""十恶"。在其劝善书序书信中，他根据具体因缘展开，可谓事无巨细。

其一，恭敬厚道，勿刻薄轻慢。《安士全书》被印光法师誉为"善世第一奇书"。④在这部书的题辞中，印光法师敬呈十条"读书须知"，劝读者要"宜存敬畏，切勿亵渎"；并在"题后"中再劝读者"务必恭敬虔洁，息心体究"。⑤由此可见其良苦用心。当今诸多经书善书的首页印有这十条"读书须知"，足见其影响深广。

在诸多通信中，他也屡屡劝诫人们务要恭敬厚道，而勿刻薄轻慢。例如，在《复张德田居士书》中劝心存慈善、利人利物，存好心、说好话、行好事。⑥在《复金善生居士书》谆谆教诲云："凡居心行事，必须向厚道一边做，厚则载福，薄则无福可得。"⑦在《复宁德晋居士书五》中则进一步从反面论曰："古今聪明人多受聪明祸者，以仗己聪明，或慢人侮圣，或谤佛毁法，或妄生臆见，以期现世之名利，与身后之虚誉耳。……故每每皆成狂妄之流，或归于奸恶一派耳。"⑧

---

① 参《印光法师文钞全集·续编卷上·复宁德恒、德复居士书》，第649—650页；《续编卷下·重印〈寰球名人德育宝鉴〉序》，第882—883页。
② 《印光法师文钞全集·续编卷上·复卓智立居士书》，第701页；《续编卷下·人字发隐》，第986—987页。
③ 《印光法师文钞全集·续编卷上·复宗诚居士书》，第717页。
④ 《印光法师文钞全集·增广卷一·重刻〈安士全书〉序一》，第320页。
⑤ 《印光法师文钞全集·三编卷四·〈安士全书〉题辞》，第1699—1700页。
⑥ 《印光法师文钞全集·三编卷二·复张德田居士书一》，第1374页。
⑦ 《印光法师文钞全集·续编卷上·复金善生居士书》，第678页。
⑧ 《印光法师文钞全集·三编卷一·复宁德晋居士书五》，第1209页。

其二，素位而行，不妄求。印光根据《中庸》中"君子素其位而行"①等内容，提出："苦乐吉凶，皆自己罪福所感，非从天降，亦非人与。是以君子聿修厥德，素位而行，上不怨天，下不尤人。"②并以此规劝世人，果必有因，切勿怨天尤人、贡高我慢，而要严于律己、素位而行。③印光法师这里劝人"素位而行"与其所解"格物""明明德"相暗合。

其三，寡欲保身。痛于"茫茫世界，芸芸人民，十有八九，由色欲死"④，印光法师劝人戒色寡欲，印送《寿康宝鉴》《欲海回狂》等善书。在这方面他所撰写的书序主要有《〈不可录〉重刻序》《〈不可录〉敦伦理序》《〈寿康宝鉴〉序》《〈欲海回狂〉普劝受持流通序》等。另有《〈寿康宝鉴〉题辞一》《〈寿康宝鉴〉题辞二》《〈欲海回狂〉题辞一》《〈欲海回狂〉题辞二》等题辞。⑤他语重心长言："人未有不愿自己及与子孙悉皆长寿安乐者。若于色欲不知戒慎，则适得其反，诚可痛伤。"⑥在与一些居士的通信中，他亦如此谆谆告诫："聪明人，最易犯者唯色欲，当常怀敬畏，切勿稍有邪妄之萌。"⑦由此可见印光善心之切切。

（三）慈悲戒杀

在儒释道三家，慈悲戒杀是重要内容，但在释道中表现得更为突出。这方面，印光法师推重的善书有《物犹如此》《万善先资》等。所

---

① 《礼记正义·中庸》，阮元校刻：《十三经注疏》，第1627页。
② 《印光法师文钞全集·增广卷四·因果为儒释圣教之根本说》，第513页。
③ 《印光法师文钞全集·续编卷上·复周法利居士书三》，第798页；《三编卷四·复蔡契诚居士书二》，第1836页。
④ 参《印光法师文钞全集·增广卷三·〈寿康宝鉴〉序》，第432—433页。
⑤ 《印光法师文钞全集·三编卷四》，第1703、1704、2081页。
⑥ 《印光法师文钞全集·三编卷四·寿康宝鉴题辞一》，第1703页。又，参《增广卷三·〈不可录〉重刻序》，第344—345页；《增广卷三·〈不可录〉敦伦理序》，第345—346页；《增广卷三·〈欲海回狂〉普劝受持流通序》，第429—430页。
⑦ 《印光法师文钞全集·续编卷上·复徐书镛居士书》，第677页。又，参《增广卷二·复甬江某居士书》，第203—204页；《续编卷上·与马星樵医士书》，第734—735页；《三编卷二·复真净居士书》，第1326—1327页；《三编卷二·复陈莲英女居士书》，第1422—1423页。

撰序文主要有《〈物犹如此〉序》《重刻〈安士全书〉序》《〈戒杀放生文〉序》，及相关书信。其慈悲戒杀思想，主要体现于以下几个方面。

其一，戒杀物类。印光痛心杀生食肉之惨，而贻祸深远，规劝人们仁民爱物，戒杀生食肉。① 在儒释道中，对杀生都有所诫勉，只是程度不同。印光圆融三者劝勉世人：

> 如《书》之"鸟兽鱼鳖咸若"。《论语》之"钓而不纲，弋不射宿"。《孟子》之"见其生，不忍见其死；闻其声，不忍食其肉"。《礼》之"诸侯无故不杀牛，大夫无故不杀羊，士无故不杀犬豕，庶人无故不食珍"。珍，即肉也。足知杀生一事，儒宗亦非不戒。但以教道从权，姑未永断耳。②

其二，祭祀忌荤。印光认为，杀生祭祀有违天地好生之德。③ 所以他在诸多通信中，劝诫人们，凡丧葬、祭祀等事，不用荤、酒，戒杀行善。④ 同时他指出："丧中不用酒肉，儒家古礼如是，不独佛教为然。皇太子居丧，偷着吃酒，史官必书其事，以传后世"⑤。

其三，合理放生。1922年，印光法师指导诸居士创建南京法云寺放生念佛道场，并先后撰写《金陵三汊河法云寺放生池疏》《南寻极乐寺重修放生池疏》《与泉州大同放生会书》等文，宣导、鼓励戒杀放生。同时，在诸多书信中，阐明戒杀放生之利弊得失。⑥ 一则吃素就是最大的放生。他强调吃素是戒杀的基本体现，由吃素而实践戒杀，由戒

---

① 《印光法师文钞全集·三编卷三·〈戒杀放生文〉序》，第1637页；《续编卷下·〈物犹如此〉序》，第917—918页。
② 《印光法师文钞全集·增广卷四·乌程周梦坡居士夫人诞期放生碑记》，第463页。
③ 《印光法师文钞全集·续编卷下·祭祖用素序》，第920—921页。
④ 《印光法师文钞全集·续编卷上·复沙庸之居士书》，第739页；《三编卷三·复林赞华居士书八》，第1550页。
⑤ 《印光法师文钞全集·三编卷三·复开生、宁生昆季书一》，第1489页。
⑥ 《印光法师文钞全集·增广卷二·与泉州大同放生会书》，第222页；《增广卷二·南寻极乐寺重修放生池疏》，第276—279页；《续编卷上·复战德克居士书二》，第753页。

杀延伸到放生。① 二则放生与行善积德有密切的因果关联。因慈悲而不杀，有利于现世苦难的解脱；因慈悲而行善，则断除继续造业，有利于积累未来福德。②

自2019年年底以来，新冠疫情在世界各地蔓延，对我国及世界经济造成了严重影响。我们身处其中，感受刻骨铭心。纵观历史上的历次大瘟疫，一个重要原因就是，人与自然、万物不能和谐相处有关，与人们为满足口腹私欲，滥杀滥食其他动物相关。所以，印光法师倡导并规劝人们慈悲戒杀、仁民爱物，对当下及未来人与自然、万物和谐相处，对一个地区、国家乃至全球祸患不生具有重要启示。

（四）信愿念佛

综观印光法师全部劝善思想及作为，劝人信愿念佛往生极乐，为究竟之处。印光虽精通种种佛法，但劝善专依净土念佛法门。这在印光所撰众多书信、书序中得到充分体现，尤其集中于《重刻〈安士全书〉序》。他在《重刻〈安士全书〉序二》中指出，虽能戒淫戒杀、诸恶莫作、众善奉行，但若不能了生脱死，难保生生世世不堕恶趣。而了生脱死，绝非易事，唯力修定慧，断惑证真，方能究竟。因此，无论根机之利钝，罪业之轻重，功夫之浅深，但能信愿真切，持佛名号，无不临命终时，蒙佛慈力，接引往生。若能往生，则了生脱死，超凡入圣。③ 如果说以儒家伦理、因果报应为内容的"劝善"注重的是现世的修为，那么信愿念佛、往生极乐则是对现世的"超越"，而更为究竟。

（五）探究"格物""明明德"之根本

"格物"是中国传统文化中的一个重要概念，对它的解释和理解，涉及儒释道中一个最基本的问题，即心体和如何在根本上"明明德"。这也是如何劝人达"至善"的根本所在。

---

① 《印光法师文钞全集·增广卷二·金陵三汊河法云寺放生池疏》，第280页。
② 《印光法师文钞全集·增广卷三·江慎修先生〈放生杀生现报录〉序》，第366—368页。
③ 参《印光法师文钞全集·增广卷三·重刻〈安士全书〉序二》，第321—322页。

对"格物",朱熹解释曰:"格,至也;物,犹事也。穷至事物之理,欲其极处无不到也。"①后人对"格物"的理解多继承朱熹。但也有不同的解释,例如王阳明则提出:格物是"去其心之不正,以全其本体之正",又提出其四句教中的"为善去恶是格物"之说。②

印光释道修习深厚,他对"格物"的解读更为彻底。举要言之,他认为"明明德"的根本是"格物",而"格物"就是"格除私欲物欲"。同时,印光指出了两个重要的命题,也是人们容易忽略的两个命题。其一,若穷尽天下事物之理,以达其极,即使圣人也做不到。世间及宇宙万事万物,任何一个都是无限的领域,何况众因、众缘、众人等时时产生的新物新事,所以事理无穷无尽。就人类社会的历史而言,确实还没有哪一个人或群体能达到"穷尽天下事物之理而至其极"。其二,格除私欲才能正心诚意、明明德。事理的明了,对正心、诚意、明明德有一定的关系,但不具有必然的关联。③可以说印光对"格物""明明德"的解释,抓住了劝善超凡入圣的最根本处。

印光由儒入释,并成为佛门中的大修行者。他曾在普陀山法雨寺藏经楼潜修20余年,其中1897—1903年两度6年闭关专门阅览《大藏经》。又于1930—1940年闭关苏州报国寺和灵岩寺潜修。所以他对"格物""明明德"别有一番体悟,阐释别有一番究竟。对此,在佛家也多有法师与其同见。如宣化上人言:格物就是"格除物欲,格除自

---

① (宋)朱熹:《四书章句集注》,中华书局1983年版,第4页。
② (明)王守仁:《王阳明全集·传习录上、下》,第7、133页。
③ 参《印光法师文钞全集·续编卷下·〈道德丛书〉序》,第894页;《印光法师文钞全集·续编卷下·〈挽回失道人心标本同治录〉序》,第824页;《印光法师文钞全集·增广卷三·〈袁了凡四训〉铸版流通序》,第324页;《印光法师文钞全集·续编卷上·复周法利居士书三》,第796页;《印光法师文钞全集·三编卷三·无锡佛教净业社第二期年刊序》,第1642—1643页;《印光法师文钞全集》之《增广卷三·〈格言联璧〉重刻序》,第343页;《增广卷三·〈儒释一贯〉序》,第404—405页;《续编卷上·复净之居士书》,第696页;《续编卷上·慧导居士书》,第769页;《续编卷下·〈感应篇直讲〉序》,第842—843页;《三编卷二·复琳圃居士书》,第1385—1386页;《三编卷二·复顾德谷居士书》,第1438—1439页。

己的私欲、杂念。物欲包括一切财、色、名、食、睡的欲"[1]。宣化上人对"格物"与"物欲"的解释与印光法师相一致。

"劝善"在儒释道中都有程度不同的阐释，不仅表现为思想的解读，更为重要的是要见之于实践，落实于行为。对善恶而言，凡圣之别重在起心动念处。念念为私则凡，念念无我则圣。这又可分为三个层次。第一，起心动念之前如何保持心之清净无染。这也就是印光法师所说的"明德"处。第二，在起心动念之时，如何将善念保持并提升，及如何止住恶念而不再萌生。这也就是"凡起心动念行事，俱须诸恶莫作，众善奉行"[2]。第三，在恶念善念见行之后，如何断恶修善，如何善行圆满。由此三点，或许可以更加理解印光法师为何苦口婆心屡屡强调因果，理解何则为凡，何则为圣，及如何由凡入圣。在这三个层次的解读及修行上，儒家重在世间，而释道则融合世间和出世间。它们各有所长，异曲同工；合则三美，离则三伤。

四 力戒虚言，知行合一

即使再优美的辞章、再优美的语言，若仅停留在口头上而落实不到行动上，它所产生的影响微乎其微，甚至空言一出即随风而散。中国文化及史书将"立德"置于"三不朽"之首，一方面体现了中华文化重伦理特色；另一方面更是因为做到"立德"着实难乎其难。印光法师曾评"诸恶莫作，众善奉行"言："此二语三岁孩童说得，八十老翁行不得。"[3] 可见话易说，字易学，但行持难。一个人的影响往往随其善行而超越时空，尤其是大善大行。印光即是如此。反之，恶之影响也会如此，尤其是大恶大行。前者是我们学习的榜样，后者则是我们力戒的典型。印光虽为出家之人，却以佛家慈悲之心，悲天悯人，出世而不离世，

---

[1] 宣化上人：《宣化上人开示录》（第4册），宗教文化出版社2015年版，第111页。
[2] 《印光法师文钞全集·增广卷二·复冯不疚居士书》，第236页。
[3] 《印光法师文钞全集·三编卷四·世界佛教居士林开示法语》，团结出版社2013年版，第1725页。

致力于社会"劝善"事业，为后人树立了弘法利生的典范。他之所以对当世和后世产生巨大影响，就与其"知行合一"、躬身力行密不可分。

（一）力戒虚言，躬身力行

在生活、弘法、劝善、做事等方面，印光法师严谨细致，躬身力行，力戒虚言。因此，其所说所行令人信服，而富有相当大的感召力。这是印光法师对当世和后世产生巨大影响的重要原因和基础。

其一，惜物习劳。印光法师自奉极薄，食则唯求充饥，不求适口；衣则唯求御寒，厌弃华丽。如果有人供养他珍美衣食，他却而不受；不得已受下，就拿来转赠别人。如是普通物品，就交到库房，由大众共享。①

其二，不求名利。据弘一法师讲，印光法师"生平不求名誉，他人有作文赞扬师德者，辄痛斥之"。同时，他一生不蓄剃度弟子，不任寺中住持监院等职。综观一生，绝不求名利恭敬。②

其三，弘法利生。印光法师虽薄以待己，却厚以待人，凡他人供养的香敬，他都拿来印佛书流通，为人广种福田。同时，他对于赈灾济贫之事，权衡轻重，先其所急。③

（二）谆谆劝善，知行合一

民国时期国势衰微，外敌入侵，内忧外患，民不聊生。众多仁人志士参与到中华民族救亡图存的潮流之中。其中，诸多大德高僧积极入世，或参与救亡事业，或参与慈善事业。他们以慈悲心弘道利生，举世瞩目，为世人敬仰。印光法师就是当时著名者之一。他鉴于世道衰乱、民不聊生的社会现实，积极从事社会慈善和劝善活动，力挽世道人心。

其一，印光法师一方面积极鼓励他人编纂、补录善书；另一方面则积极以别人供养的善款刊刻印送善书。二者互为配合，相得益彰，共同

---

① 余池明编著：《印光法师年谱》，第6页。
② 弘一法师：《李叔同全集·略述印光大师之盛德》（第1册），哈尔滨出版社2014年版，第107—109页。
③ 《印光法师年谱》，第6页。

谱写了中国劝善史上的一段佳话。

其二，书信往来，导人向善。《印光法师文钞全集》收录书信共计1100余篇，其中涉及"劝善"的书信数量达数百篇。书信名称多为"复……居士书"或"与……书"。印光法师与在家居士或世人，书信往来，或嘉其善事懿德，或劝其断恶修善，谆谆提携于耳畔。

其三，撰述书序，或鼓励善书的编纂，或说明相关善书的内容及价值。《印光法师文钞全集》中，收录书序共计200余篇，其中集中彰显"劝善"者约30余篇，如《重刻〈安士全书〉序一》《重刻〈安士全书〉序二》《〈袁了凡四训〉铸版流通序》《〈感应篇直讲〉序》《〈寿康宝鉴〉序》《〈历史感应统纪〉序》《〈劝戒杀放生文〉序》《〈祭祖用素〉序》《〈因果录〉序》等。此外，尚有许多"劝善"的跋、记、发隐、题辞等。印光法师作序的大量善书如《安士全书》《了凡四训》《寿康宝鉴》《〈太上感应篇〉直讲》等，至今仍大量流通，泽被后人。

（三）流通善书，创办弘化社

为正化人心，印光法师自1918年（时58岁）开始亲自从事刻印流通善书经书的活动，为此而奔波于普陀山、上海、南京、扬州和杭州之间。也是从这一年开始，他正式入世弘道。这主要有两个时段。

第一时段：1918—1930年。印光法师此时刻印流通的第一本善书是《安士全书》，之后陆续刻印流通《了凡四训》《观世音菩萨本迹感应颂》《印光法师文钞》《印光法师嘉言录》《感应篇汇编》《感应篇直讲》《历史感应统纪》等。

第二时段：自1930年报国寺闭关至1940年灵岩寺圆寂。印光法师于1930年2月到苏州报国寺闭关，明道法师承其旨意筹建弘化社，设在觉园佛教净业社流通部。1931年经印光提议，弘化社迁至报国寺。1935年，负责弘化社具体事务的明道法师去世，印光以75岁高龄亲自料理流通事务，直至1940年圆寂。

据不完全统计，弘化社自成立以来，到七七事变之前，每年印送经书善书从十多万册到三十多万册不等。印光法师主持的弘化社流通事业完全是公益性的。虽然根据情况分为全赠、半价和全价流通三类，但毫不营利，完全代施主作功德。在这种慈悲精神的感召下，印光法师一生总计刻印流通各种经书善书达"六百余万册"。① 正是在印光法师的主持下，弘化社成为当时国内流通善书的中心。种类之多，数量之大，为当时社会所瞩目。

弘化社自2003年恢复以来，陆续恢复流通《安士全书》等劝善典籍多种。现今，除了弘化社继续刊印相关善书外，其他出版机构也出版当年印光法师推重的善书，其中有诸多善书被翻译成白话文，或附有白话文及注释。② 这些大作都直接源于印光的影响。

不论在历史学、伦理学、宗教学等学科中，还是在世界各大文明体系中，"善"是一个极其重要的概念、观念，其中蕴含着人之如何为人的重要思想。其在中国传统文化和社会主义新文化中有着极其重要的价值和意义。"善"的基本特质不会因时空而变化，尽管其具体表现形态千变万化。当今世界并不太平，不论国外还是中国都面临着众多棘手的问题，例如文明冲突、局部战争、价值缺失、道德下滑、物质至上、生态恶化等。尽管导致这些问题的原因多种多样，但无不与人的种种恶语恶行相关。圣贤设教总以济世利民安邦为本，不但倡导诸恶莫作、众善奉行，而且尤其以正心为本。这种作用绝非世间学术所能得，因此也就具有了更为长远的意义。"劝善"贵在行持，绝非仅仅口头的唱言、学理的探究所能究竟。正如印光所言："欲为天地行化育，欲为祖宗著潜德，欲为子孙立懿范，若不以躬行实践为事，则如贫无立锥者，妄欲富贵盖世，只成痴心妄想，了无实事可得。"③ 所以不论是劝善还是行善，

---

① 参《印光法师年谱》，第6、7、390页。
② 如（清）周安士编著《安士全书》，团结出版社2013年版；印光编《寿康宝鉴》，团结出版社2014年版；许止净编著，檀作文、万希译注《中国历史感应故事（原增修历史感应统纪）》（白话注释本，全五册），华东师范大学出版社2012年版；曾琦云编著《安士全书白话解》（全二册），内蒙古人民出版社2003年版；曾琦云编著《太上感应篇汇编白话解》（全四册），西藏藏文古籍出版社2015年版。
③ 《印光法师文钞全集·三编卷四·〈三余德堂明说〉跋》，第1741页。

若只停留在口头空言、概念辞章,总无济于事。

将中国传统文化中的"善"之思想及行持理念,随缘运用于我们当下的现实生活、学术研究,乃至文化创造等社会各层面,也是一种"创造性转化";在不同领域不同方面不断创造"善"的新境界,也是一种"创新性发展"。这也是中国特色社会主义文化不可或缺的重要组成部分。

第三节 民国时期马克思主义史学的"经世"取向

近代以来,科学化成为中国史学研究者的共同追求。但对科学化的理解和认知却存在巨大分歧。胡适、傅斯年等学者受实证观念的影响,将科学与客观性等同,认为科学的史学必须排除主观因素,划清与现实社会的界限。而郭沫若、范文澜、翦伯赞等马克思主义学者却主张史学应当在科学理论的指导下积极介入现实,为现实生活服务。在民国年间,实证派学者居于正统,他们所倡导的科学史学风行一时;而新中国成立之后,马克思主义跃升为主流,"历史科学"遂成为马克思主义史学的专称。风水轮流转,1990年代以后,长期遭受压抑的实证风气卷土重来,再度回流,人们对科学史学的认识又发生了一番转换。那么,究竟何为科学的史学,如何看待史学与现实社会的关系?换句话说,科学的史学为保持纯粹性、独立性必须与现实社会绝缘吗?回顾考察民国时期马克思主义史学所蕴含的"经世"取向,分析马克思主义史学何以要"经世",进而探查马克思主义史学的"经世"追求对当时学界的独特价值所在,对理解和澄清科学史学的内涵、推动当下史学建设将有所助益。

一 马克思主义史学何以要"经世"?

五四运动以后,史学科学化蔚为风气,实验主义成为一种强势潮流。而实验主义主张为学术而学术，两耳不闻窗外事，一心埋首故纸堆。即使民族国家面临危难，也只是以读书救国、学术救国自解。奠基于五四，兴起于社会史大论战的马克思主义史学。为什么要逆流而上，重振"经世"之风呢？这应从马克思主义史学得以产生的时代环境和内在理路来分析考察。

第一，中国马克思主义史学的诞生，绝不是单纯的学术现象，而是时代的产物。它是伴随着马克思主义的传入和新民主主义革命的展开而诞生并发展的。自诞生之日起，马克思主义史学就与中华民族的生死存亡、中国的前途命运这一重大现实问题紧紧结合在一起。在追求救亡图存和民族独立时代背景中，中国马克思主义史学服务于救亡目的，以整个民族的利益为中心关怀，为反抗外来侵略、进行社会革命提供了丰富的历史资源和思想资源。

因此，正确认识马克思主义史学在民国时期重要的"经世"意义，首先须要将其置于当时的历史条件之下，这就是自1840年以来的前所未有的民族生存危机。随着洋务运动、戊戌变法和清末新政三次体制内改良运动的失败，"革命"成为完成这一任务重要甚至唯一的路径。以孙中山为首的革命派于1911年发动辛亥革命推翻了清政府的专制统治，开辟了中国历史的新纪元。但是袁世凯复辟帝制失败后，中国出现了军阀割据及混战不断的局面。这意味着辛亥革命的爆发及中华民国的建立并没有完成救亡图存和争取民族独立自主的历史使命。1921年中国共产党的诞生，开启了中国革命的新航向。中国共产党为马克思主义史学奠定了政治组织基础，而马克思主义史学就是"伴随着中国共产党的成长而成长，伴随着中国共产党的发展而发展"[1]。

第二，继承马克思主义的实践品格，是马克思主义史学走向"经世"的内在逻辑理路。不同于以往形而上的抽象思辨，马克思主义是关于无产阶级和人类解放的理论，具有鲜明的革命性和强烈的实践性。

---

[1] 李红岩：《中国马克思主义史学思想概说》，《史学理论研究》2016年第1期，第28页。

用马克思的话说，就是"哲学家们只是用不同的方式解释世界，问题在于改变世界"①。20世纪初传入中国的马克思主义，在五四时期形成高潮，为中国当时的社会改造绘制了一幅新蓝图。早期的马克思主义者李大钊、陈独秀、李达、毛泽东、瞿秋白、蔡和森等作出卓越努力。1917年俄国十月革命胜利后，李大钊发表的《布尔什维主义的胜利》等文章，倡言："试看将来的环球，必是赤旗的世界！"② 1919年五四运动后，他发表了《我的马克思主义观》，系统介绍马克思主义理论。李大钊运用马克思主义观察中国社会，初步达成了理论与实践的统一。

对马克思主义史学的实践品格，认识最深刻、强调最充分的是毛泽东。1938年10月，他在中共中央六届六中全会上所作的《中国共产党在民族战争中的地位》报告中指出："指导一个伟大的革命运动的政党，如果没有革命理论，没有历史知识，没有对于实际运动的深刻的了解，要取得胜利是不可能的。"③ 1941年，他发表《改造我们的学习》，明确要求对近百年的中国史作综合研究。④ 毛泽东将革命、政治与历史密切联系起来，将历史研究视为革命斗争的一部分，对马克思主义史学的发展发挥了重要指导作用。因此，自马克思主义史学诞生之日起，就带有革命基因，成为一种名副其实的"革命学术"。

第三，马克思主义史学的"经世"追求，是对中国古代史学"经世致用"传统的呼应和接续。任何一种外来异质的学术，要在本国扎根生长，必须与本国固有学术传统相融合，获得本国学者的认同。胡适等人提倡效法的西方实证史学，能够取得显赫的声势，其中一个重要原因就是，它与清代考据学的契合、对"实事求是"传统的接续。而马克思主义史学的成功，则是对中国古代史学"经世致用"传统的接续和发扬。

---

① 《马克思恩格斯选集》第1卷，第136页。
② 《李大钊全集·Bolshevism的胜利》，河北教育出版社1999年版，第110页。
③ 《毛泽东选集》第2卷，人民出版社1991年版，第533页。
④ 《毛泽东选集》第3卷，人民出版社1991年版，第802页。

中国古代史学具有经世致用的优良传统,尤其注重发挥历史的明道和资治功能。明道功能表现在自孔子著《春秋》之后形成的史学传统。《左传》云:"《春秋》之称,微而显,志而晦,婉而成章,尽而不污,惩恶而劝善。"① 孟子则曰:"孔子成《春秋》,而乱臣贼子惧。"② 司马迁曰:"夫《春秋》,上明三王之道,下辨人事之纪,别嫌疑,明是非,定犹豫,善善恶恶,贤贤贱不肖,存亡国,继绝世,补敝起废,王道之大者也。"③ 之后,刘勰、刘知幾、孔颖达、柳宗元、戴名世、章学诚等历代史家或文学家对史学明道功能多有阐述和发挥,并形成了中国古代史书撰述的重要宗旨。资治功能的典型表现在司马光编纂《资治通鉴》。《资治通鉴》"专取关国家盛衰,系生民休戚,善可为法,恶可为戒者"④,全面总结了前代的统治经验,以"有资于治道"。王夫之说:"所贵乎史者,述往以为来者师也。为史者,记载徒繁,而经世之大略不著,后人欲得其得失之枢机以效法之无由也,则恶用史为?"⑤ 可以说,古代史学的经世传统为马克思主义史学经世取向提供了学术土壤和历史借鉴。但是,马克思主义史学经世致用的宗旨、立场和内容毕竟发生了深刻变化,尤其是在民族危亡之际,马克思主义学者积极融入革命实践,追求革命性与科学性的统一,体现出其自身的时代特点⑥。

二 马克思主义史学如何"经世"?

与追求科学化、标榜客观中立的实证派不同,马克思主义史学家对历史研究的现实诉求直言不讳。翦伯赞明确指出:"我们研究历史,不是为了宣扬我们的祖先,而是为了启示我们正在被压抑中的活着的人

---

① 《春秋左传正义·成公十四年》,阮元校刻:《十三经注疏》,第1913页。
② 《孟子注疏·滕文公章句下》,阮元校刻:《十三经注疏》,第2715页。
③ 《史记·太史公自序》,中华书局1982年版(标点本),第3297页。
④ (宋)司马光:《资治通鉴·进书表》,中华书局1956年版,第9607页。
⑤ (清)王夫之:《读通鉴论》,中华书局2013年版,第142页。
⑥ 陈峰:《传统史学与中国马克思主义史学范式的构建》,《天津社会科学》2022年第1期。

类，不是为了说明历史而研究历史，反之，是为了改变历史而研究历史。"① 这表明在对史学的目的和价值问题上，马克思主义史学家形成了自身的独特认识，而且对此深信不疑，并付诸实践。那么，民国时期的马克思主义学者是如何经世的，又是怎样将他们的史学研究与当时的革命活动联结贯通起来的呢？

一是投身社会史大论战，通过历史研究为中国革命的目的、对象、性质问题寻求解答。1927 年第一次国共合作破裂后，革命遭遇挫折，中国革命和中国社会的前途命运成为各方人士思考的重点。要确定中国革命的方向，必须先弄清中国社会的性质问题。由此，关于中国社会性质问题的探索和论争如火如荼，出现了理论斗争的高潮。1928 年 6—7 月，在莫斯科召开的中共六大通过决议，明确指出当时中国的社会性质是半殖民地半封建社会，现阶段中国革命的性质是资产阶级民主革命。而倾向国民党改组派的陶希圣，在《新生命》杂志发表系列文章，主张封建制度早在春秋战国时代已经结束，秦汉以后为前资本主义社会。托派则认为中国已是资本主义社会。他们的主张与中共大相径庭，呈针锋相对之势。郭沫若于 1930 年出版《中国古代社会研究》一书，积极支持和响应中国共产党的主张。② 他从唯物史观的基本原理出发，第一次把有史以来的中国社会发展道路，整合为原始公社制、奴隶制、封建制、资本制社会的序列。③ 郭沫若的《中国古代社会研究》一书，成为论证中国历史发展规律、确定中国社会发展方向的理论文本和典范之作。后来，吕振羽、翦伯赞、侯外庐等人关于古代史的研究，遵循、深化了郭沫若开辟的路径。因此，持续 10 年之久的社会史论战，绝不是一般意义的学术论争。它的基本问题是中国社会性质问题，蕴含着中国新民主主义革命的历史根据。只有解决好古代社会性质问题，明确近代中国的社会性质，中国革命才能确定其对象、目标和任务。马克思主义

---

① 翦伯赞：《历史哲学教程》，生活·读书·新知三联书店 2014 年版，第 49 页。
② 乔治忠：《20 世纪 30 年代中国社会史论战问题探实》，《天津社会科学》2014 年第 5 期。
③ 郭沫若：《中国古代社会研究》，商务印书馆 2011 年版，"导论"第 25 页。

学者通过这场大论战，捍卫了中国共产党关于中国社会性质和革命性质的论断，促进了马克思主义基本原理与中国革命的进一步结合，推动了革命运动的发展。①

二是积极融入抗战，成为文化抗战的一支生力军。随着抗战形势的不断发展，马克思主义史学从过去的理论论争走上对中国历史加以整理的道路，同时积极从事反对妥协投降的斗争。②此时，马克思主义史学形成了延安和重庆两支主要队伍，承担起文化抗战的重要使命。延安的马克思主义史学机构，处在中共中央的直接领导之下。这些史学机构主要有马列学院历史研究室（1938年5月成立），成员有尹达等。之后，该研究室随着马列学院改组为马列研究院，又更名为中央研究院，而成为中央研究院中国历史研究室（1941年9月）。该室工作由副院长范文澜主持，成员有尹达、叶蠖生、金灿然等，稍后齐燕铭和吕振羽等人也加入进来。这一时期，延安马克思主义史学的主要成果有范文澜的《中国通史简编》等。③1941年9月，由延安新华书店出版的《中国通史简编》，是延安史学的扛鼎之作。该书是范文澜受党中央所托，独著而成。它不同于学院派的通史著述，而是体现出鲜明的战斗性，如着重叙述对立阶级之间的斗争，肯定被压迫者反抗斗争的作用等。④同时，书中多有借古讽今、影射现实之处，如借吴蜀联合拒魏来类比抗日民族统一战线，借孙权来类比国民党破坏统一战线等。⑤可以说，在范文澜等马克思主义史家那里，史书不但是著书立说的载体，更是与敌人英勇战斗的武器。

---

① 吴泽：《大革命失败后中国社会性质革命性质及社会史问题论战研究（续）》，《社会科学辑刊》1990年第2期。
② 叶蠖生：《抗战以来的历史学》，载王学典、陈峰编《二十世纪中国史学史论》，北京大学出版社2010年版，第72页。
③ 林国华、陈峰：《论延安时期史学机构的产生、沿革及特点》，《山东大学学报》（哲学社会科学版）2006年第3期。
④ 范文澜：《中国通史简编·绪言》（修订本），人民出版社1964年版，第10—12页。
⑤ 李孝迁：《"红色史学"：范文澜〈中国通史简编〉新论》，《中共党史研究》2018年第11期。

以重庆为中心的马克思主义史学实力更为雄厚。全面抗战爆发后,马克思主义史学家在中国共产党的组织、领导下逐渐向西南地区聚集,形成了以重庆为中心的马克思主义史学研究重镇。其领军人物是郭沫若,同时会聚了翦伯赞、侯外庐、吴泽等专家学者。他们以国民政府的文化工作委员会作为合法的活动阵地,创办《读书月报》《群众》等刊物,组织"新史学会"。重庆地区的马克思主义史家群体力量强大,身处国统区学术文化腹地,产生了更为广泛的影响。

三是致力于革命的宣传教育工作,批判和清算侵略史观等错误观点及思潮。这些工作激发了当时民众的民族自信心和自尊心,鞭挞了妥协投降的言论,有力声援了抗战。在延安,史学工作者编写的通俗历史读物,主要有许立群《中国史话》、韩启农《中国近代史讲话》、敬之《中国历史》等。① 同时,他们还大力改编历史剧,借助大众化文艺形式普及传播历史知识,例如历史剧《逼上梁山》《三打祝家庄》《串龙珠》等。延安史学家或机构重普及的做法,收到立竿见影之效,既训练了革命干部,又增强和扩大了历史知识的社会影响力。在重庆地区,1941年底到1943年3月,郭沫若创作了《棠棣之花》《屈原》《孔雀胆》等历史剧。这些历史剧在重庆演出后,在广大民众中引起了巨大反响,激发了国统区军民的抗战热情。翦伯赞的《桃花扇底看南朝》《南明史上的弘光时代》等有关南明史的研究论文,以明亡历史总结经验教训,在当时也造成了很大影响。②

日本帝国主义在对中国进行疯狂军事侵略的同时,还从事文化侵略和文化殖民,极力散布各种为侵略辩护的思想言论。因而,批判和清算侵略史观,成为马克思主义学者义不容辞的使命。1937年前后,日本军国主义御用文人秋泽修二,在其《东洋哲学史》等书中,不但恶意假设并认定中国历史是"停滞的""循环的"和"倒退的",而且鼓吹

---

① 桂遵义:《马克思主义史学在中国》,山东人民出版社1992年版,第440页。
② 于文善:《抗战时期重庆马克思主义史学研究》,中国社会科学出版社2013年版,第203—204页。

日军武力是打破中国社会停滞性的根本途径，公然为日本侵华战争制造舆论。为了抨击这种错误言论，吕振羽、李达、邓拓、华岗、吴泽等史家纷纷发表文章予以系统驳斥，不仅有力挫败了侵略者从文化上征服中国的企图，而且给予抗战中的军民以坚定的民族自信心，为抗日战争的胜利作出了重要贡献。①

抗战胜利前夕，马克思主义史家还积极利用历史知识总结革命的经验教训，为革命事业的继续推进提供助力。1944 年 1 月，《新华日报》为反击蒋介石的《中国之命运》，以"纪念甲申三百年"为题，约请郭沫若撰文。郭沫若花了一个多月搜集资料。初稿写成后，又用了几天时间修改。稿件经过精心推敲，始交南方局驻渝的负责人董必武审阅。稿件于 3 月 19 日见报，因为这天是明代亡国之君崇祯的死难之期②。1944 年 3 月 19 日是李自成领导农民起义军攻入北京、推翻明朝统治三百周年纪念日。3 月 19—22 日，重庆《新华日报》连续 4 天刊载《甲申三百年祭》。文章通过对明末李自成农民起义军，由胜利走向失败的反思，总结出骄傲必败、腐化必败、分裂必败的沉痛教训，为中国革命事业的发展提供了镜鉴。不论在当时还是在之后，《甲申三百年祭》都产生了深远的影响，成为马克思主义史学经世的典范。

三　马克思主义史学"经世"的意义与启示

民国时期的马克思主义史学，作为科学化史学的一翼，集"致用"与"求真"于一身，既具有强烈的现实关怀和政治诉求，又体现出较强的学术性和创新性，蕴含着值得借鉴的丰富经验和深刻启示。一方面，马克思主义史学的经世取向具有现实层面和学术层面的合理性，有力地配合了革命和抗战，推动了史学研究的转型和发展；另一方面，过

---

① 王东、王兴斌：《二十世纪上半期的中国马克思主义史学》，《历史教学问题》2005 年第 5 期；王继平、董晶：《文化抗战视野下的中国马克思主义史学贡献》，《史学理论研究》2021 年第 3 期。

② 廖永祥：《〈新华日报〉与〈甲申三百年祭〉》，《郭沫若学刊》1994 年第 2 期。

度追求致用，也使马克思主义史学付出了不小的代价。

其一，马克思主义史学的经世取向，可以视为对民国时期主流学风的纠偏与平衡。五四时期，胡适、顾颉刚等运用产生于西方的所谓科学方法，对史书史迹进行辨伪、考证。因他们所采用的科学方法有别于清代乾嘉考证史学，故被称为"新历史考证学"。1928年成立的"中央研究院"历史语言研究所，成为当时新考证学的重镇。新历史考证学以"求真"，而不是以"致用"为最高目的。[①] 但当这种"求真"有两个重要特点：第一，求真观为科学观所支配；第二，求真凌驾于致用之上。也就是说，求真为第一义，致用为第二义，由此二者也就有了主次轻重之别。[②] 这不但使史学停留在史料整理层面，而且造成史学与现实的脱节。个别学者专注于求真而不问致用，无可厚非。但当这种态度和做法笼罩整个学界时，便造成识小遗大的不良学风，违背了学术乃天下之公器的初衷。对当时这种偏颇的学风，马克思主义史学力图扭转与平衡。不可忽视的是，马克思主义史学不仅注重致用，而且强调求真，两者兼顾并举。在创立伊始，马克思主义史学家就高度重视史料的搜集与考证工作。例如，李大钊在讨论研究历史的任务时，首先强调的就是"整理事实，寻找它的真确的证据"，其次才是"理解事实，寻出它的进步的真理"。[③] 进而1930年代的社会史论战塑造了中国马克思主义史学求真与致用的双重品格。[④] 不论是"五老"，还是其他著名史家，均编纂了既有求真性又具致用性的史学名著。比如郭沫若《中国古代史研究》"对古籍的解读和对甲骨文、金文的解析，都取得大量的发前人所未发的创见，考订新颖、论断犀利，思想和学术水平皆高踞当时历史学的制高点"[⑤]。1946年，翦伯赞出版的《史料与史学》一书，在史料学方面

---

① 侯云灏：《20世纪中国史学思潮与变革》，北京师范大学出版社2007年版，第52页。
② 王学典主编：《史学引论》，北京大学出版社2008年版，第124—125页。
③ 《李大钊全集·史学概论》第4卷，河北教育出版社1999年版，第280页。
④ 左玉河：《中国社会史论战与马克思主义史学的崛起》，《历史研究》2022年第2期。
⑤ 乔治忠：《中国史学史》，中国人民大学出版社2011版，第382页。

识断之精审,"固在傅斯年'史学本是史料学'之上"①。由此说明,马克思主义史学在史料学领域已取得相当的成就。将结论谨慎、缜密、细致地建立在扎实的材料之上,是马克思主义史学发展的重要基石。

其二,在革命年代追求经世的马克思主义史学,有力配合了当时的革命和抗战需要,成为现实生活实践中一种发挥独特作用的文化力量。以马克思主义学者参与的社会史论战而言,论战的成果转化为中国共产党推动中国革命的重要思想资源,为当时的民主革命提供了理论依据。在论战中,中共学者与国民党改组派、托派展开针锋相对的较量,从历史和现实的维度阐释论证了中共革命斗争的合法性,对革命实践产生了指导作用。同时,社会史论战中形成的理论话语,成为中共政治意识形态的重要组成部分,并被吸收进《中国革命和中国共产党》《新民主主义论》等党的重要文献中。② 再拿抗战来说,马克思主义史学家同样自觉地将修史与社会发展结合在一起,赋予修史以时代意义。九一八事变之后,中华民族的危机空前深化,解决民族危亡问题,就是当时最大的"致用",最重的民族大义。在马克思主义史家的作品中,充满了民族主义、爱国主义的内容,以激起广大军民积极抗战的勇气、反对妥协投降的正气。

其三,马克思主义史学是在血与火的洗礼中诞生的,它不可避免地带有战争年代所留下的印记和色彩,尤其是过于强调致用性或革命性,而弱化了史学研究的求真性或科学性。因此,这一时期的马克思主义史学被看作是战时学术,其特点是高度的革命化和政治化。③ 但是,革命学术、战时学术毕竟不是一种常态的学术。在新中国成立后,范文澜就指出,《中国通史简编》旧本里面有些地方有"非历史主义的观点","又有些地方因'借古说今'而损害了实事求是的历史观点"。④ 这种状

---

① 许冠三:《新史学九十年》,岳麓书社2003年版,第426页。
② 陈峰:《社会史论战:政治和学术价值双峰并峙》,《历史评论》2020年第4期。
③ 王学典:《中国当代史学思想的基本走向——就〈二十世纪后半期中国史学主潮〉答客问》,《文史哲》1996年第6期。
④ 范文澜:《中国通史简编·绪言》(修订本),人民出版社1964年版,第5—8页。

况在新中国"前十七年史学"中有所发展，并在其后曾发展成为影射史学而达致极端。这就使得史学完全丧失学术性，沦为政治斗争的工具。但是，当时中国社会的矛盾冲突异常剧烈，迫使史学家无暇旁顾，而把精力大都倾注于政治斗争。这在当时的文学、哲学领域也是如此。所以，这种情况在当时的历史条件下可谓时势使然。不过，随着战争年代的远去与和平时代的到来，马克思主义史学走出战时学术、回归常规建设的势头越来越显著。①

以往的失误在于把历史与现实的关系片面、狭隘、简单地理解为直接为政治服务，将学术作为政治的工具，这不但丧失历史学的学术品质，而且最终也无用于现实，甚至起到反作用。作为专门的学术，历史学有其严格的规范和尊严。如果破坏了它的规范，侵犯了它的尊严，不仅毁灭了史学，而且也扰乱了现实。1980年4月，在第二次中国史学会全国代表大会上，时任中共中央书记处书记的胡乔木指出："历史科学满足政治需要的正确理解应当是，历史向社会也向政治提供新的科学研究的成果，而社会和政治则利用这种成果作为自己活动的向导。"进而，他反对将历史学置于政治"应声虫"的地位。② 这可谓是对史学经世的一种难得的清醒认识。

学术界对学术与政治的关系多存偏见，要么将之混合不分，要么将之绝对分离，皆有失偏颇。政治对学术建设有着不可低估的正面价值，这主要体现为外部刺激与促进学术生长。对现实问题的洞见，有时比来自学术自身的审视更加深刻、更有力度。政治对学术的正面价值在于建立了学术与社会、历史与现实的重要关联。但在这种关联中，史学的"致用"必须以"学术"为根基。马克思主义史学的"致用性"并不等同于完全的"政治性"，它有着自己的学术价值与学术品位。学术性是马克思主义史学得以存在和发展的根基，也是它参与现实创造最充分的依据。

---

① 陈峰、董彩云：《"革命学术"与"学术革命"：共和国初期人文学术转型的双重解读》，《山东社会科学》2022年第4期。

② 中国史学会秘书处编：《中国史学会五十年》，海燕出版社2004年版，第43—44页。

总之，民国时期马克思主义史学"经世"取向值得继承和发扬。这种经世传统在社会、政治、文化的剧烈变动时期表现得尤为突出，有其弥足珍贵的历史价值和借鉴意义，不能因时代条件的转换而抹杀。经世追求与科学性、客观性并非一种绝对的互斥关系，但前提是应当保持求真与致用、学术与政治之间的平衡互动。在此基础上，经世致用也要与不同的时代主题、社会重大问题和人们的社会生活呼应对话，不断扩充新的内涵。以往为革命而研究历史，当下的历史学则应顺应时代的发展，将整个社会生活纳入自己的视野，或撰写信史，或资治借鉴；或褒善贬恶，或明理载道；或传播正确的历史知识，或提升人们的精神境界；等等。不论从中国古代史学传统，还是从马克思主义史学传统看，最值得称道的，莫过于史家将自己的生命、史学的生命与大众、社会、国家乃至天下的命运融合在一起。如此才能在研究中创造历史，为创造历史而研究历史。一言以蔽之，关注社会重大问题，以坚实的学术研究和卓越的历史智慧参与社会现实的革新，仍是今后马克思主义史学发展的重要生长点。

第四节 "天人合一"对瘟疫史研究的思想价值

无论是2003年的"非典"还是2019年年底开始的新冠疫情全球大流行，都促进了人们对瘟疫史的关注。这些成果虽各有千秋，但有一个共同特点，那就是对人类现实的关注，字里行间充满着人文关怀。对世界瘟疫史整体而言，国内学者研究对于国外的研究叙述、介绍居多。例如武斌《人类的历史与文化》等大作。[1] 国外学者对瘟疫产生的原因、

---

[1] 武斌：《人类瘟疫的历史与文化》，吉林人民出版社2003年版；张田勘、宋立新：《疫病简史：小角色的大杀伤力》，中国青年出版社2003年版；叶金编著：《人类瘟疫报告：非常时刻的人类生存之战》，海峡文艺出版社2003年版；王旭东、孟庆龙：《世界瘟疫史》，中国社会科学出版社2005年版；杨红林编著：《历史上的大瘟疫》，中国发展出版社2007年版；杨大路编著：《震惊后世的骇人天灾：恐怖大瘟疫》，江西教育出版社2016年版；闵凡祥、张树剑主编：《天行：人类历史进程中的50场瘟疫》，江苏凤凰科学技术出版社2020年版；武斌：《瘟疫与人类文明的进程》，山东人民出版社2020年版。

蔓延及严重后果的分析更为深入。例如《瘟疫与人》《枪炮、病菌与钢铁》《传染病的文化史》等大作。[①] 对瘟疫的研究，在环境史、生态史、灾害史等领域也多有涉及。综观相关研究，人与自然的关系问题是重要的组成部分，倡导保护自然、爱护环境、维护生态平衡是共有特点，但问题的彻底程度还有待进一步深入。本章节基于学界以往成果，从人与自然关系的角度阐述"天人合一"对瘟疫史研究的价值和意义。

自2019年年底以来在世界各地蔓延的新冠疫情，是继2003年非典之后，大自然又一次给予我们的教训和警示。身陷这次灾难之中，人与自然和谐问题再次引起人们的高度关注。从根本上讲，人与动物、万物都是自然的一部分，相生相成。一旦人的行为危及乃至伤害自然，打破生态环境的平衡，最终必将伤害人类自身，甚至导致瘟疫大流行。追根究底，瘟疫等自然灾害都是人与自然相冲突的产物。如何从根本上化解人与自然的纠葛，中华文化的"天人合一"思想具有深刻的启示。

一 天人背离与瘟疫的产生及流行

天人背离指的是人与自然的关系由"一体"走向二分背离。从世界瘟疫史看，瘟疫等灾难始终与人类相伴随，给人类带来了难以尽述的悲痛，影响了人类历史发展进程，甚至改变了许多国家的发展轨迹。这就是天人背离的后果。值得注意的是，瘟疫的产生与流行与人的行为密切相关。例如人对自然环境、生态平衡的破坏，瘟疫随贸易或战争路线蔓延，甚至人为制造瘟疫，等等。

---

① [美]霍华德·马凯尔：《瘟疫的故事》，罗尘译，上海社会科学院出版社2003年版；[美]唐纳德·霍普金斯：《天国之花：瘟疫的文化史》，沈跃明、蒋广宁译，上海人民出版社2006年版；[美]内森·沃尔夫：《病毒来袭：如何应对下一场流行病的爆发》，沈捷译，浙江人民出版社2014年版；[美]贾雷德·戴蒙德：《枪炮、病菌与钢铁：人类社会的命运》（修订版），谢延光译，上海译文出版社2016年版；[美]威廉·麦克尼尔：《瘟疫与人》，余新忠、毕会成译，中信出版社2018年版；[美]洛伊斯·N. 玛格纳：《传染病的文化史》，刘学礼主译，上海人民出版社2019年版；[英]普拉提克·查克拉巴提：《医疗与帝国》，李尚仁译，社会科学文献出版社2019年版；[英]弗朗西斯·艾丹·加斯凯：《黑死病（1348—1349）：大灾难、大死亡与大萧条》，郑中求译，华文出版社2019年版。

第一,环境与生态的人为破坏,是导致瘟疫产生的重要原因。世界瘟疫史表明,病毒与瘟疫的产生与自然环境的破坏、生态平衡的打破密切相关。人与动物、环境、自然之间相生相成,相伤相害,则灾祸丛生。例如,世界历史上的霍乱大流行,至今共发生过七次,导致上千万人死亡,而历次的爆发多与水体被污染有关。①

第二,人们从疫区逃亡他处,加速了瘟疫的传播。在历史上,从疫区逃亡他处加速瘟疫传播的实例很多。例如,1830年俄国阿斯特拉罕的霍乱流行造成当地政府瘫痪,致使人们在恐慌中开始大逃亡。此次疫情在7月20日至8月15日进入高峰,死亡率高达90.8%。1832—1833年法国发生霍乱,1833年1月,12万人几乎同时离开巴黎,约一万人逃离马赛。1834年6月14日,霍乱入侵美国纽约州。7月,纽约城的居民能逃的都逃离而去。这种大逃亡加速了瘟疫的蔓延,加剧了人员的伤亡。因此,在世界各国的防疫过程中,逐渐形成了隔离制度。这种制度和措施,至今仍在全球范围内不同程度上使用。

第三,贸易往来是瘟疫蔓延的重要途径。发生在中世纪欧洲的黑死病,是对此的具体展示。1347年10月,热那亚商船队的12艘货轮穿过意大利最南面的墨西拿海峡,停靠在西西里岛的墨西拿港口,同亚洲的商人进行香料和蚕丝贸易。始料不及的是,他们带来了令人闻风丧胆的黑死病。这种瘟疫迅速席卷整个墨西拿,并像幽灵一般蔓延到西西里岛的南部和西部。热那亚和威尼斯在1348年1月也以同样的方式被传染。意大利中部城市比萨也迅速被传染。从此,瘟疫向着意大利北部和欧洲腹地蔓延开去,最终导致了有史以来最为恐怖的瘟疫。

第四,瘟疫伴随战争蔓延。战争是潜在瘟疫的先锋和加速器,病菌常常沿着征战者的足迹前行。例如,当欧洲殖民者在15世纪末16世纪初登上美洲新大陆的时候,给原住民带去了多种从未遇到过、因而不具有任何免疫力的传染病,其中最致命的是天花。1519年,科尔特斯率

---

① 参王旭东、孟庆龙《世界瘟疫史》,第77—107页;[美]洛伊斯·N. 玛格纳《传染病的文化史》,第91—96页。

领600名西班牙人在墨西哥海岸登陆,去征服勇猛好战的阿兹特克帝国。1520年,天花随着感染者到达墨西哥,最终杀死了阿兹特克近一半人口。1531年,皮萨罗率人在秘鲁海岸登陆去征服拥有几百万人口的印加帝国时,情况同样如此。天花已在1526年由陆路到达印加,杀死了其很大一部分人口,使皮萨罗在征服这个帝国时坐收渔人之利,印加帝国随之灭亡。① 在与殖民者接触之前,美洲原住居民大约有2000万至3000万人口,而到16世纪末只剩下100万人口。17、18世纪,在殖民者征服新大陆之后,西伯利亚、波利尼西亚、新西兰和澳大利亚的土著居民也在欧洲细菌的攻击下不断崩溃。

第五,人之恶——人为制造瘟疫。根据学界研究,在古代战争中,为了打败对手,存在人为制造瘟疫的情况,但这尚属于非科学性的生物瘟疫。自第一次世界大战以来,这种情况有所改变,利用科学技术研制生化武器,人为制造瘟疫,已经应用于战争。1935年,在侵华日军石井四郎的指挥下,731部队在哈尔滨成立。他们研究腺鼠疫、炭疽病、肉毒杆菌毒素、布鲁氏菌病、霍乱、痢疾、天花、斑疹、伤寒,同时从事细菌的大批量生产、储存和战场实验。它们不仅在活人身上做实验,而且进行活体解剖来检查内脏的感染情况,残忍至极。同时,731部队多次将其制造的病菌用在侵华战争之中。例如,在1942年浙江战役中,后撤的日军将不计其数的病菌倾倒到井、水库和河流中,并从空中投掷了巧克力炸弹,不仅导致中国军队的重大伤亡,而且导致更多的无辜百姓受灾。②

由于生物武器的反人类性质,1975年,世界主要国家修订了1925年在日内瓦签订的禁止使用生化武器议定书,明确规定任何国家不得研制和持有生化武器。但通过一系列相关恐怖事件看,有些国家仍在秘密

---

① [美]贾雷德·戴蒙德:《枪炮、病菌与钢铁:人类社会的命运》(修订版),第207—208页。
② 参[美]霍华德·马凯尔《瘟疫的故事》,第181—183页;徐焰《战争与瘟疫》,人民出版社2014年版,第158—169页。

研制生化武器。因此，利用生化武器人为制造瘟疫，仍是人类生存的巨大威胁。在世间，可能没有什么事情比蓄意制造瘟疫更为恐怖，尤其是在当今科学高度发达的今天。这不仅拷问着这种行为的最终后果，也拷问着人自身的德性和最终归宿。

第六，天人背离，灾害丛生。天人背离是"天人合一"的反面，指人对动物、植物、自然、环境的伤害、破坏、污染等负面行为。正是由于这种天人背离的行为，灾害灾难一直伴随着人类历史，而瘟疫就是其中相当严重者之一。瘟疫所致伤亡以亿计，动辄成千上万，几十万、上百万的可谓比比皆是。据估计，在人类历史上所有死于瘟疫的人口至少占到总人口的20%，超过了其他一切灾难的总和，而新型瘟疫正在加剧这一数目的增长。[①] 例如，在1347—1353年，至少有2500万欧洲人死于黑死病，占当时欧洲总人口的1/4到1/3。可以说，瘟疫就是随时可能对人类进行集体绞杀的可怕灾难，瘟疫史就是一部人类的沉痛史。瘟疫流行不但导致患者身心俱痛和社会恐慌，而且由恐慌可能导致大逃亡、暴力乃至极端事件的发生。同时，不仅给所经国家造成巨大的经济损失，而且往往导致国家动荡，改变前行的轨迹，甚至亡国灭种。例如，公元前5世纪的雅典即是如此。当时伯里克利统治下的雅典在政治、艺术、哲学等诸多领域达到了前人无可比拟的高度。公元前431年，伯罗奔尼撒战争爆发，随之而来的瘟疫吞噬了雅典1/4到1/3的人口，摧毁了雅典的整个社会结构。公元前429年，伯里克利也可能因感染瘟疫而死。公元前404年，斯巴达人征服雅典，从而宣告了古代西方文明黄金时代的终结。[②]

上述六个方面，前人之述备矣。在此本书再次赘述，无非是强调：瘟疫产生与传播蔓延的原因众多，但都与人有关，人自身有着逃脱不掉

[①] ［美］霍华德·马凯尔：《瘟疫的故事》，第10—11页；叶金编：《人类瘟疫报告：非常时刻的人类生存之战·附录：人类瘟疫大事记》，第198—208页；杨红林编著：《历史上的大瘟疫·附：人类历史上有明确记录的死亡人数超过10万的瘟疫》，第241—242页。

[②] ［美］贾雷德·戴蒙德：《枪炮、病菌与钢铁：人类社会的命运》（修订版），第207—208页。

的责任,尽管历代和当今世界各国的人们可以说出不同的冠冕堂皇的理由。人与生态环境之间的关系是人类生存与发展最基本的关系之一。当今,人与自然越来越严重的失调和越来越尖锐的矛盾,对人类社会本身产生了巨大的反作用,其突出表现就是全球日益频繁的自然灾害和环境危机。近些年来的历史研究,要么聚焦于社会的进步、经济的发展和历史规律的探寻,要么热衷于具体细节的考辨。尽管在这些方面取得了很大进步,但在整体上忽视了对人生命的真正关怀,忽视了人所依存的生态环境。这在某种程度上说明了学界人文精神的缺失,这种情况亟待改变。综观世界瘟疫史中那些数以亿计逝去的生命,我们应该警醒,应该汲取历史的教训,从而使一幕幕悲剧不再重演。这就要求我们放下自身傲慢与偏见,去珍爱生命、保护环境、爱护动物,维护生态的和谐平衡。否则,谁又能保证我们不是下一场灾难之后的累累白骨。

二 "天人合一"对瘟疫史研究的究竟之处

"天人合一"是中国优秀传统文化的一个重要思想,儒释道虽有着不同的表述方式,但核心思想一致,也就是以天人关系为中心思考宇宙、自然和人生问题。"天人合一"反映了中国文化中尊重自然、保护环境、合理利用自然以及维护生态和谐的积极一面。

"天"是中国文化中的一个重要概念,在司马迁之前的《周易》《尚书》等典籍中已多有记载和阐述,后人也多有阐发。[1] "天"有多种含义,总体而言,主要意思有三:第一,主宰之天;第二,自然之天;第三,义理之天。[2] 而"一"一方面被赋予万物之本源、万物之始的意义,例如《老子》曰:"道生一,一生二,二生三,三生万物。"[3]《说文解字》曰:"惟初太始,道立于一,造分天地,化成万物,凡一之属

---

[1] 参李申编《儒教敬天说》,国家图书馆出版社2009年版;石磊编《儒教天道观》,国家图书馆出版社2010年版;张二远编《天命人性论》,国家图书馆出版社2013年版。
[2] 汤一介、[法]汪德迈:《天》,岳瑞译,北京大学出版社2011年版,第28页。
[3] 《老子》,饶尚宽译注,中华书局2016年版,第108页

皆从一。"① 另一方面，是万物之整体为"一"的状态，绝非割裂，绝非对立。虽然物象各有差异，但穷其本源，万物皆归于"一"。也就是《庄子·齐物论》所说的"天地与我并生，而万物与我为一"②。《肇论》言："天地与我同根，万物与我一体。"③

在中国文化及思想史上，"天人合一"虽提出较晚，但这一思想在中国古代早已存在。例如，《周易》言："夫大人者，与天地合其德，与日月合其明，与四时合其序，与鬼神合其吉凶，先天而天弗违，后天而奉天时。天且弗违，而况于人乎？"④ 汉代天人合一观念有进一步的发展，董仲舒提出："天人之际，合而为一"⑤；"以类合之，天人一也"。⑥ 宋代二程则提出："仁者，以天地万物为一体，莫非己也。"⑦ 张载明确提出："儒者则因明致诚，因诚致明，故天人合一，致学而可以成圣，得天而未始遗人。"⑧ "天人合一"表明天人不但在本源上相统一，而且在现实生活中也是一有机整体，绝非二元对立。

（一）人与自然统一而非对立

人与动植物都生存在自然环境之中，都是大自然的物种。人与生态环境合于自然这大"一"，它们之间的关系是一不是二，不是根本的"对立"。恩格斯在1873—1882年撰写的《自然辩证法》中，也提出人与自然的"一体性"及和谐相处的观点。他说："事实上，我们一天天地学会更正确地理解自然规律，学会认识我们对自然界习常过程的干预所造成的较近或较远的后果。……而这种事情发生得越多，人们就越是不仅再次地感觉到，而且也认识到自身和自然界的一体性，那种关于精神和物质、人类和自然、灵魂和肉体之间的对立的、荒谬的、反自然的

---

① （汉）许慎：《说文解字》，岳麓书社2006年版，第7页。
② 《庄子·齐物论》，孙海通译注，中华书局2007年版，第39页。
③ （东晋）僧肇著，张春波校释：《肇论校释》，中华书局2010年版，第209页。
④ 《周易正义·乾》，阮元校刻：《十三经注疏》，第17页。
⑤ （汉）董仲舒：《春秋繁露·深察名号》，第133页。
⑥ （汉）董仲舒：《春秋繁露·阴阳义》，第153页。
⑦ （宋）程颢、程颐：《二程集·河南程氏遗书》（上册），中华书局1981年版，第15页。
⑧ （宋）张载：《张载集·乾称篇》，中华书局1978年版，第65页。

观点，也就越不可能成立了。"①

纵观世界瘟疫史，我们也看到"万物"之间为"一"不为"二"的关系。在抗击病毒、防治瘟疫的过程中，在疫区的所有人、动物及环境之间，绝不仅仅是个人、单一的关系，而是一个紧密联系的整体，也就是"一体"的关系。疫情无国界，不论是个人还是群体，还是单个的国家，都不能独善其身。整体防御防治才能较快遏制病毒的蔓延，最终战胜瘟疫。这在2003年"非典"疫情和自2019年年底以来新冠疫情的防治上看得很清楚。在防治过程中，全国全球一盘棋生动展现着人人、社会、环境等的"一体"关系。

（二）人与自然万物构成"一体"生态系统

"天人合一"告诉我们，天、地、人是一个不可分割的整体，息息相通。具体而言，人与动物、植物、微生物，以及空气、水、矿物、土壤、宇宙等万物构成相互作用的生态系统，作为一个整体运行。② 人及其所构成的社会就处在包括微生物、动物、环境、自然等构成的生态系统之中，而病毒是已知最小的微生物。科学家从一块距今9000万年的鸟类化石中找到了传染病的证据。③ 也就是说，自700万年前人类诞生以来，病毒就与人类相伴随，而麻风与天花则被认为是两种最为古老的瘟疫。

在大大小小的生态系统中，一旦由于某个或某些因素的变动，超过了该生态系统的负荷，就会打破平衡，甚至其中一个细微的触动，都可能产生不可预见的灾难性后果。例如，就人被病毒感染而言，就是其自身小生态系统的打破。更可怕的是，某些病毒攻击了个人之后，却可以将疾病演化为群体性的瘟疫，并在大范围蔓延开来。在交通工具极为便捷的今天，尤其如此。2003年"非典"，2019年年底开始的新冠疫情在全球的蔓延，即是刚刚发生或正在发生着的世间悲剧。

---

① 《马克思恩格斯选集》第3卷，人民出版社2012年版，第998—999页。
② 参［丹］S.E.约恩森《生态系统生态学》，曹建军等译，科学出版社2017年版；［美］小曼努埃尔·C.莫里斯《认识生态》，孙振钧译，科学技术文献出版社2019年版。
③ ［美］霍华德·马凯尔：《瘟疫的故事》，第9页。

（三）人仅仅是自然的产物，绝不能超越自然之上

在人类产生以前，地球已存在约46亿年，自地球上出现生命开始，也已约38亿年。地球上的微生物、动物、植物等也远远早于人在地球上的历史。大约700万年前在万物构成的生态系统中产生了人及人类社会。[1] 所以，我们人，连同"我们的肉、血和头脑都是属于自然界和存在于自然之中"[2]。与地球46亿年、生命38亿年的历程相比，人在庞大的生物系统中，只是十分微小的一部分。

人不但因自然而生，是自然的产物，而且也不能离开自然界而生存。人必须依赖自然界提供的生活资料才能生存，如阳光、植物、动物、土地、空气、净水等。[3] 如果失去这些最为基本的生活资料，人的生命就得不到保证，何谈生命的发展和超越。因此，人只是自然的一部分，绝不是超越自然之上的独立存在。因此，我们应对自然万物怀有感恩之心，而非怀着邪恶之心去戕害它，怀着无尽的贪欲去污染它、破坏它。

在历史发展的过程中，有一种观点叫"人类中心主义"。[4] 从整个世界瘟疫史、生态史来看，这要么是自不量力的胡言乱语，要么是背后隐藏着不可告人的利益动机。这种观点从人自身出发，以人自身为圆心画圆，自感高其他动物一等，就随意践踏其他生物的生命，但最终招来了屡屡灾难。灾难之严重，伤亡之巨大，即使大的战争，也难以望其项

---

[1] 参［法］帕特里克·德韦弗《地球之美》，［法］让-费朗索瓦·布翁克里斯蒂亚尼绘，秦淑娟、张琦译，新星出版社2017年版；［日］日本博学俱乐部《地球简史》，黄少安译，福建科学技术出版社2019年版。

[2] 《马克思恩格斯选集》第3卷，人民出版社2012年版，第998页。

[3] 著名生态学家康斯坦赞（R. Costanza）等，将地球生态系统的服务功能分为17类，即大气调节、气候调节、干扰调节、水调节、水储存、控制侵蚀和保持沉积物、土壤形成、养分循环、废物处理、传粉、生物防治、避难所、食物生产、生产生活原料的提供、提供基因资源、休闲娱乐、文化塑造功能。（参卢风等《生态文明：文明的超越》，中国科学技术出版社2019年版，第83页）

[4] 余谋昌等主编：《环境伦理学·人类中心主义》，高等教育出版社2019年版，第38—47页。

背。"以道观之，物无贵贱。以物观之，自贵而相贱。"① 我们必须反思那种把人与动物、环境、自然对立起来的观点，反对征服自然的思想及行径，反对"唯人独尊"的人类中心主义。人与动物、万物、环境是一个紧密关联、相生相成、互为制约的生态系统，统一于自然这个"大一"。人只是大自然生态链条中的一个环节，人的历史也只是自然大历史中的一小部分。历史研究未来的一个重要突破方向，就是把人当作大自然普通的一员来研究，改变以人类为中心的历史观。由此，重新思考、界定人与动物、环境、自然的关系，抱着敬畏之心，与其和谐相处，和谐共生，才是上上策。

三 天人合一，生态和谐之根本路径

自古至今，瘟疫给许多地区和国家带来了猛烈的冲击、严重的灾难。它以巨大的生命伤亡和穷凶极恶方式教训着人类，促使人们去不断自省。尽管反省的够多，但反省的依然不够，否则，为何灾难还会一次又一次降临。面对自然环境的恶化、生态系统的危机、大瘟疫的横行，诸多学者提出的一个重要针对措施是"道德的改进"。② 不论是道德改进的呼声，还是道德改进的行为，都非常值得肯定和鼓励。但这仍有进一步提升的空间，那就是不论在生态环境、生态伦理的认知上，还是在动植物保护、大自然爱护的实践上，力达"天人合一"，止于至善，才更为彻底。"天人合一"强调人与自然相辅相成的一体性，为人与生态和谐的审视和重构提供了根本路径。

（一）反思人类中心主义

在全球历史上，一个重要的观念就是"征服"，征服他人，征服他国，征服自然。就征服自然而言，这是一种人类中心主义的极端表现。自近代工业革命以来，这种"征服"自然及其所造恶果的过程都在加快。世界各国通过对自然的利用、征服、控制、支配，大大改善了人类

---

① 《庄子·秋水》，孙海通译注，中华书局2007年版，第251页。
② 参［美］大卫·雷·格里芬《空前的生态危机》，周邦宪译，华夏出版社2017年版。

的物质生活，但自然资源遭到无情的破坏。无序、过度地开发和利用，严重破坏了人赖以生存的自然环境，使生态严重恶化。特别是近半个世纪以来，人口膨胀、资源紧张、河流枯竭、环境污染、气候变暖、雪山融化面积扩大、两极冰山加速融化等，造成了全球性生态危机。同时，人口、消费、浪费、垃圾、排放物等呈指数增长，导致自然资源和动物种群呈指数递减，野生动物正在广泛地遭受生存窘境而加速灭绝。[①] 更为严重的是，所有这些过度和失序为病毒的产生和传播造就了舒适的温床，为瘟疫的产生创造了适宜的环境，为大瘟疫的暴发提供了无限可能。

就拿历史上的大瘟疫来说，都与动物、环境、自然等之间关系的背离密切相关。例如，人与家畜、野生动物的紧密联系，尤其是狩猎和食用肉食，为感染源在物种之间的传播提供了所有条件，从而将人置于有可能暴发病毒感染的世界。而事实也是如此，源自动物的许多传染病表明，动物是新病原体的重要来源。多数情况下传染病都由动物传给人，例如天花、流行性感冒、肺结核、疟疾、麻疹和霍乱等。[②] 当今，"新流行病出现的最大风险之一是人和动物的密切接触，尤其是与野生哺乳动物的密切接触"。当人们在微生物丰富地区捕获宰杀野生动物时，就面临了能够导致一些新型感染病毒出现的情况，而这些感染病毒能够毁灭整个世界。[③]

人类中心主义所造成的恶果已经在全球显露无遗，有目共睹。自2019年年底以来新冠疫情的爆发及在全球的蔓延，再次警示我们，要深切反思人与生态环境的关系。可以说，人与自然的关系从未像今天这

[①] 参传奇翰墨编委会编《毁灭启示录：它们正在灭绝》，北京理工大学出版社2011年版；[英]乔纳森·贝利、萨姆·威尔斯《濒危：我们与它们的未来》，[美]林肯译，天津人民出版社2019年版。

[②] 参［美］霍华德·马凯尔《瘟疫的故事》，第231—232页；［美］贾雷德·戴蒙德《枪炮、病菌与钢铁：人类社会的命运》（修订版），第192—206页；［美］威廉·麦克尼尔《瘟疫与人：历史的启示》，第43—45页。

[③] ［美］内森·沃尔夫：《病毒来袭：如何应对下一场流行病的暴发》，第223—224页。

第二章 史学传统中富有启示的思想资源

样至关重要,因为这不仅关系到我们的现在,更关系到后世子孙的未来。早在100多年前,恩格斯就提醒人们:"不要过分陶醉于我们人类对自然界的胜利。对于每一次这样的胜利,自然界都对我们进行报复。"[1] 但许多国家及那些利欲熏心的人们,并没听到或履行恩格斯的警告,结果就是诸多国家,乃至人类社会确确实实已经并正在经受着自然的报复,例如旱灾、洪水、海啸、台风、瘟疫等灾害。自 2019 年年底以来,新冠疫情正在中华大地和世界各地蔓延肆虐,给我国及世界经济造成的损失难以估计,严重程度难以想象。可以说,当今全球社会的生态危机,无不是功利主义私欲漫无节制的产物。俗言:"人有千算,天则一算。"瘟疫,尤其是历史上的大瘟疫,就是天之一算。这一算就会导致一个地区或国家的重大灾难。因此,我们须放下人自身的傲慢与短见,放弃征服自然和人类中心主义等错误观念。在此,"天人合一"对处理人与动物、环境、自然的关系问题,不论在形而上道的层面,还是在形而下术的层面,都给予我国及全球的经济、社会、生态等建设以深刻的思想启示。

(二)辩证看待科学技术的重要作用

无可否认,在抗击瘟疫的过程中,科学方法和医学技术起到了非常重要的作用,是我们抗击瘟疫的强大武器。但这也需要辩证看待,毕竟独木难成林。

第一,对于防护、治疗瘟疫,医学起到了极其重要的作用,特别是防治病毒疫苗的研究和诞生,以及在一线救治病人的白衣天使。他们的付出乃至牺牲永远值得我们尊敬,例如发明青霉素、链霉素、氯霉素、四环素、庆大霉素、奎宁的科学家亚历山大·弗莱明、塞尔曼·瓦克斯曼等。

第二,事后性。从历史上历次大瘟疫的暴发及防治看,疫苗的研制具事后性。一方面,疫苗的研发速度常常赶不上病毒的变异速度;另一

---

[1] 《马克思恩格斯选集》第 3 卷,人民出版社 2012 年版,第 998 页。

方面，很多病毒导致的疾病超出了现代医学的治疗能力。① 也就是说，未来一些不可知病毒可能会随时跳出来，演变成瘟疫。正如威廉·麦克尼尔所言："技术和知识，尽管深刻改变了人类的大部分疫病经历，但就本质上看，仍然没有也从来不会，把人类从它自始至终所处的生态龛中解脱出来。"② 因此，那些积极主动防患于未然的方式，在瘟疫尚未萌生之时，就显得特别重要，就是通过与自然万物为善的路径达到"天人合一"。从世界瘟疫史来看，这是事前最为保险的方式，否则，有谁能保证灾难不会重演呢？

第三，科学技术是一把双刃剑，既可防治瘟疫，又可利用科技制造瘟疫危害人间。这在世界战争史和日本侵华史上都有触目惊心的表现，例如前述日本731部队的恶人恶事恶行。由此可见，科学技术解决不了人心、道德和至善的问题，脱离道德关怀和伦理约束的科学技术，越有用，危害可能越大。因此，自然科学的发展、医学技术的进步都必须有正知正念的引导；否则，可能会因失去正向的价值引导，而为祸人间。

（三）天人合德，止于至善

以德配天、与天合德是"天人合一"思想的要义。天地之所以成其大，在于能够容纳万物，育化万物。如《周易》所言："天地之大德曰生。"③《论语》言："天何言哉？四时行焉，百物生焉，天何言哉？"④ 天人合德是指人应该效法天德，与天合德，自觉达到天人合一之境界。

其一，在德性上天与人相一致，相统一。"天人合一"的思想基础是"天人合德"，也就是在德性上天与人相统一。例如《周易》言："夫大人者，与天地合其德。"⑤《诗经》曰："天生烝民，有物有则，

---

① ［美］内森·沃尔夫著：《病毒来袭：如何应对下一场流行病的暴发》，第12页。
② ［美］威廉·麦克尼尔：《瘟疫与人：历史的启示》，第236页。
③ 《周易正义·系辞传下》，阮元校刻：《十三经注疏》，第86页。
④ 《论语注疏·阳货》，阮元校刻：《十三经注疏》，第2526页。
⑤ 《周易正义·乾》，阮元校刻：《十三经注疏》，第17页。

民之秉彝，好是懿德。"① 这就确定了人在宇宙中的地位及人的价值所在。

在中华文化中，儒释道三家无不教人向善。人人向善，与天地合德，是消除自然灾难的根本途径。就拿瘟疫史来说，如果仅仅只看到瘟疫对人类的伤害和绞杀，似乎还不全面。反过来看，自人类诞生以来，我们是否反思过人类对动物、环境、生态和自然的伤害或破坏。这点在不同层面的动物保护组织、环境保护组织等那里已有较好的认知。但还不够，应该有更多的人们去反省，自觉地去爱护动物，保护环境，维护生态平衡，在与它们的和谐相处中创造美丽的家园。只有这样，才称得上天人合德。

其二，天地自然依赖人助其"化育之功"。《周易》将天地人并称"三才"，即："立天之道，曰阴与阳。立地之道，曰柔与刚。立人之道，曰仁与义"②。天不知多高，地不知多厚，人身不过数尺，寿不过数旬，竟与高厚莫测之天地，并称三才，何也？天地虽能生成万物，若无人以参赞教育，则不成世间大道。人能赞天地之化育，继往圣，开来学，所以人与天地并称三才。也就是《中庸》所说的人能"赞天地之化育，则可以与天地参矣"③。也就是说，人作为万物之灵，能够助天地"化育之功"，而造福于人及人群、社会，乃至民族、国家、人类，创造文化文明，推动社会进步。

其三，仁民爱物。仁民爱物，与动物、环境、自然和谐共生，是"天人合一"的应有之义。这在儒释道经典中有着丰富的阐述，例如：

《论语》曰："钓而不纲，弋不射宿。"④
《孟子》曰："君子之于禽兽也，见其生不忍见其死；闻其声

---

① 《毛诗正义·大雅·荡之什》，阮元校刻：《十三经注疏》，第568页。
② 《周易正义·说卦》，阮元校刻：《十三经注疏》，第93—94页。
③ 《礼记正义·中庸》，阮元校刻：《十三经注疏》，第1632页。
④ 《论语注疏·述而》，阮元校刻：《十三经注疏》，第2483页。

不忍食其肉。"①

《孟子》又曰："亲亲而仁民，仁民而爱物。"②

《礼记·王制》曰："诸侯无故不杀牛，大夫无故不杀羊，士无故不杀犬豕，庶人无故不食珍。"③

《礼记·月令》言：在孟春之月，"命祀山林川泽，牺牲毋用牝，禁止伐木，毋覆巢，毋杀孩虫，胎夭飞鸟，毋麛毋卵"。在仲春之月，"安萌芽，养幼小，存诸孤。……毋竭川泽，毋漉陂池，毋焚山林。……祀不用牺牲"。在季春之月，"修利堤防，导达沟渎，开通道路，毋有障塞。……田猎罝罘罗网，毕翳，餧兽之药毋出九门"。④

《太平经》言："夫天道恶杀而好生，蠕动之属皆有知，无轻杀伤用之也。"⑤

另外，在道家和佛家中"戒杀"也作为前五大戒的"第一大戒"。

上述种种，都是把仁爱慈悲之心扩大到自然万物之中，从而维护人与动物、环境、自然的和谐与平衡。正是由于儒释道中的此类思想和作为如此丰富，所以诸多学者将其引入生态伦理或环境伦理并加以倡导。⑥综观世界史上的历次大瘟疫，一个重要原因就是，人与动物、环境、自然不能和谐相处有关，与人们为满足私欲，"征服"自然、破坏环境、滥杀滥食相关。所以，古今中外的那些大德贤圣倡导并规劝人们慈悲戒杀。这对当下及未来人与动物、环境、自然和谐相处，对一个地

---

① 《孟子注疏·梁惠王章句上》，阮元校刻：《十三经注疏》，第2670页。
② 《孟子注疏·尽心章句上》，阮元校刻：《十三经注疏》，第2771页。
③ 《礼记正义·王制》，阮元校刻：《十三经注疏》，第1337页。
④ 《礼记正义·月令》，阮元校刻：《十三经注疏》，第1357—1363页。
⑤ 《太平经》（全三册），杨寄林译注，中华书局2013年版，第600页。
⑥ 余谋昌等主编：《环境伦理学》，高等教育出版社2004年版；傅治平：《天人合一的生命张力：生态文明与人的发展》，国家行政学院出版社2016年版；吴承笃：《天人合一：齐鲁文化与中国生态哲学》，山东人民出版社2017年版；李永峰等主编：《生态伦理学教程》，哈尔滨工业大学出版社2017年版；张云飞：《天人合一：儒道哲学与生态文明》，中国林业出版社2019年版。

区、国家乃至全球不生祸患，具有重要启示和借鉴价值。

（四）中道圆融，取之有度

中道圆融是指处理问题的适度境界和状态，既包括人自身的和谐，也包括人与外在、外物、外境的和谐，从而把天、地、人、物、我圆融起来，而不是对立起来。如果说"天人合德"是人与动物、环境、自然在德性上的"路径"，那么"中道圆融"就是在现实生活中利用自然，与自然和谐共生的路径。人类利用自然应该有一个限度和界限，适可而止。无休止地利用，乃至征服、破坏自然，必将导致生态环境的恶化，最终伤及人自身。由历史上的自然灾害看，人定胜天吗？人征服了自然吗？答案是否定的。由此，持中道圆融的态度和方式是可行路径。

其一，中庸。"中庸"即中道，适度，无过无不及，绝不是人们通常所理解的折中主义，而是一种恰如其分、善巧适度的思维方式、处事方式。这在《中庸》中也多有阐述，例如：

> 仲尼曰："君子中庸，小人反中庸。君子之中庸也，君子而时中；小人之反中庸也，小人而无忌惮也。"
>
> 子曰："中庸其至矣乎，民鲜能久矣。"
>
> 子曰："道之不行也，我知之矣，知者过之，愚者不及也。道之不明也，我知之矣，贤者过之，不肖者不及也。"
>
> 子曰："舜其大知也与。舜好问而好察迩言，隐恶而扬善，执其两端，用其中于民。其斯以为舜乎！"①

其二，中和。《中庸》开篇即讲："中也者，天下之大本也；和也者，天下之达道也。致中和，天地位焉，万物育焉。"② 《周易》言："乾道变化，各正性命。保合太和，乃利贞。首出庶物，万国咸宁。"③

---

① 《礼记正义·中庸》，阮元校刻：《十三经注疏》，第 1625—1626 页。
② 《礼记正义·中庸》，阮元校刻：《十三经注疏》，第 1625 页。
③ 《周易正义·乾》，阮元校刻：《十三经注疏》，第 14 页。

由此可见，中和可使天地万物各安其位，生生不息。

其三，中道圆融是破除人与动物、环境、自然二元对立的良方。在人类历史上，尤其是自近代以来，人们除了与自然斗争外，尚把人与自然斗争过程中所产生的工具用于人与人之间的斗争，无论是个人之间、族群之间、阶层之间，还是不同意识形态之间、不同文明之间、不同国家之间。这是在科技高度发达的今天，世界仍不太平的重要原因。对此，中道圆融无疑给出了中国文化的答案。如果说中道还是一种处事的适宜尺度的话，那么由中道进而"圆融"更为关键，因为只有"圆融"，才能最终"合一"。

在世界历史上，由于深受瘟疫蹂躏之苦，许多国家亲眼看到环境改善在防止瘟疫中的良好效果。这就从实践上证明，"天人合一"有利于生态环境的改善，瘟疫的防治。所以世界各国在现实生活及治国理政中，越来越注重自然环境、公共卫生的改善问题。这本身就是"中道圆融"的具体表现，就是向"天人合一"的回归。在生态危机日益严重的今天，中和、中庸、中道圆融等思想及作为，无疑为人与动物、环境、自然的和谐提供了智慧和经验。

综上所述，无疑"天人合一"思想、实践、作为和经验，为预防瘟疫提供了最为根本的借鉴。但迄今为止，这种借鉴尚未引起人们的高度重视。而且仅仅高度重视还远远不够，而是要将这些思想实实在在地见之于行。否则仅仅坐而论道，浮于空言，"天人合一"终究不会实现。一方面，"天人合一"要成为社会大众的自觉行为。若人人心存对大自然敬畏之心、感恩之心，从自身做起，那么涓涓细流终究会汇集成河而成为社会风尚，人与动物、万物、自然必定享有更多的安宁和欢乐。另一方面，仅仅依靠道德约束而缺少严格的法制约束与治理，仍然难以保障人与自然和谐及生态的平衡，因此还需要治国理政中相关政策和法律制度的严格落实，为生态文明建设提供可靠的法律保障。

总之，"天人合一"不但能够弥补唯科技论的不足，起到正视人心的重要作用；而且是克服人类中心主义的良方，克服人与生态环境二元对立的根本路径。不论从世界瘟疫史的长时段看，还是从 2019 年年底流行的新冠疫情看，世界各国都会在疫情应对上作出自己的回答。毫无疑问，我们国家和全球其他国家一定能够取得抗击新冠疫情的最终胜利。但是胜利之后，我们的健忘症是否会很快发作而忘记曾经的疼痛，还是汲取历史的教训，避免瘟疫等悲剧的再度发生。若是后者，走"天人合一"之路，则是中华文化给予世界瘟疫史研究及未来防患于未然的根本智慧。

第三章

敬畏历史

中华民族有着深厚而源远流长的记史、修史、评史的优良传统。历史，不论是客观的历史还是后人记述的历史，都坚守着"求真"、"公正"和"不朽"的品质与信念。这可以说是坚守着我们中华民族的一种核心价值，坚守着所有伟大文明都拥有的一种普适价值。这就使现世中的人们不得不在现世和历史之间做出一种平衡，也使得中国人特别是有品味的中国人，不仅注意自身现世的所作所为，而且考虑要以什么样的姿态活在历史之中。

第一节　历史意识：流芳百世与遗臭万年

对中国人而言，一个最高的精神价值在于"流芳百世"，而千方百计要避免的是"遗臭万年"。对这两种不同的追求及其结果，既有客观的缘由，又有主观的动机。就客观缘由而论，中国人在离开现世后都要进入历史，并面临子孙的考评。同时，后人的这种考评本身也受到考评。这两种考评非在一人一世身上所能完成，而是要面临诸多时代、众多子孙的考评。同时，正是由于中国人好记史、修史、评史，以及客观历史进程所呈现出的这种特点，使中国人在现世和历史之间有了一种平衡。另外，"不朽理念"的同世性，使人们的现世作为由其后世血缘承担。就主观动机而言，中国人将目光超越了现世而投向历史，或立德、立功、立言以永生于历史，或长存于血脉传承，代代不息。

在《晋书·桓温传》有这样一段记载桓温：

> 然以雄武专朝，窥觎非望，或卧对亲僚曰："为尔寂寂，将为文景所笑。"众莫敢对。既而抚枕起曰："既不能流芳后世，不足复遗臭万载邪！"

在《晋书·孙盛传》有这样一段记载与前述形成桓温心境的鲜明对照：

> 盛笃学不倦，自少之老，手不释卷。著《魏氏春秋》《晋阳秋》，并造诗赋论难复数十篇。晋阳秋词直而理正，咸称良史焉。桓温见之，怒谓盛子曰："枋头诚为失利，何至乃如尊君所说！若此史遂行，自是关君门户事。"[1]

在文天祥《指南录》里有一首家喻户晓的七律《过零丁洋》，诗曰：

> 辛苦遭逢起一经，干戈寥落四周星。
> 山河破碎风飘絮，身世浮沉雨打萍。
> 惶恐滩头说惶恐，零丁洋里叹零丁。
> 人生自古谁无死，留取丹心照汗青。

上述资料中的主人公都是上了史书的人。从以上历史记载看，他们也都知道自己要进入史书，并面临后世的考评，并且也希望自己能够

---

[1] 《晋书·桓温传》《晋书·孙盛传》，中华书局1974年版，第2576、2148页。

"流芳",以较好的姿态生活在历史上,而不是真如桓温所言"既不能流芳后世,不足复遗臭万载邪"。其实,上得了中国史书的远不止以上诸人,而是众多精英人物,他们都或多或少地流露出这种心境。就小人物而言,可能进入不了正史,也有着类似的心境,并且表现在不同的历史之中。那么,中国人这种心境的缘由是什么呢?本书浅陋认为可能有如下几点。

一 进入历史与后世考评

对人而言,有一个铁律,即每个人都有生命终结的时候。对中国人而言,在离开现世后,因每个人的作为不同,又以不同的方式进入历史并活在历史之中。比如政治人物周公、武王、殷纣王、秦始皇、汉武帝、李世民、武则天、曹操、李鸿章、曾国藩、毛泽东、彭德怀、邓小平等,思想文化人物老子、孔子、韩非子、伯夷、叔齐、司马迁、韩愈、司马光、蔡元培、胡适、顾颉刚、陈寅恪、傅斯年、冯友兰、郭沫若、翦伯赞、侯外庐、吕振羽、范文澜等。这一大批历史人物仍以非生命的形式生活在他们的历史和我们的生活中,并在某种程度上影响着我们的思想、观念或生活。他们生活于历史的形式主要有两种:一是"史"的形式;一是血脉传承的形式。对主流社会的精英人物而言,主要体现于正史、国史和学术史之中;对民间社会的普通民众而言,则较多地体现在血脉传承,及地方志、野史、家谱、家史、墓志、说唱、口耳相传史或子孙的口碑之中。因种种原因,随着时间的流逝,可能进入历史中的许多普通人物永远消失在历史之中,而不被后人记起;但是对于那些重要的历史人物或历史事件,后世子孙则永远铭记,特别是主流社会的精英人物更是如此,比如上述学术权威、达官贵人、政治专家、文化名人等。

进一步而言,凡是进入历史的人物,都要面临后世的考评,并且这种考评不是在一人一世身上所能完成,而是面临其后诸多时代众多子孙的考评。比如,在当时不可一世的秦始皇不能钳制或左右后世人对他的评价；曹操也没想到在公元1959年发生了关于他的历史作为与道德品质的大讨论；武则天相对有自知之明，留下"无字碑"任由后人评说，后人也确实没有让她老人家失望。

后世的考评一是事实之评，即后世子孙会把他们认为重要的历史事件或人物实事求是地记录下来，以"求真"的精神力求事件或人物的真实；一是对他们所记录的人物或事件做出自己的评价：或功成名就的肯定，或遗臭万年的定音，或善恶褒贬的争论。

我们民族是一个善于记忆的民族，国人都有意无意地喜欢记史，喜欢把发生在身边的、他认为重要的东西记录下来以遗后人，或让他们知道事情的真相，或作为他们立身处世的龟鉴。即便在当时由于政治高压或社会环境恐怖不能记下身边的历史，以后也会有人记下。例如，岳飞被秦桧、赵构等人以"莫须有"的罪名残酷致死后，秦桧奸党凶焰炽烈，多方肆虐，以致没有人敢在岳飞惨遭横祸之后，立即把他的生平事迹和言论风采全面系统地记载下来，写成行状或墓志铭之类。相隔六七十年后，其孙岳柯才为他编写了一部《行实编年》。其后作者继起，关于岳飞的书籍众多。[1]

特别就史家而言，他们很愿意记述历史，也很善于记述历史、评述历史。他们以记史为天职，以天下为己任，仗义执言，褒贬他人善恶。中国人记史的传统，既有官方集修又有私家著述。官修与私撰两者相辅相成，互为补充，也互为竞争；竞争在历史中的长久性和历史中的话语权。

更进一步而言，后人的这种考评本身也受到考评。后人对前人的考评并非一劳永逸地存在于历史之中，而是会受到后人的不断挑战。若是某一考评失真或有失公允，就同样会面临后人的考评与纠正，从而替代原来的考评。最终在历史中沉淀下来的那些记述和考评，是经过激烈竞争和苛刻筛选的。因为历史著述是一个开放、竞争的领域，并且这种竞争不在一时一世完成。在这个领域中，记史者或史家可陈述自己的观点

---

[1] 邓广铭：《岳飞传·自序》，生活·读书·新知三联书店2007年版，第1—5页。

和主张，同时也承担别人的挑战与驳难。但只有少数人既能陈述自己的观点和主张，又能应对别人的挑战与驳难，而获得这一领域的话语权。例如，即便司马迁也屡遭后世史家的发难，如《史记三家注》。《史记》受后人尊敬的程度几乎与受后人盘诘的程度成正比。《史记》的持续权威，与受到的持续拷问是同一过程的两个方面。其后面的"注"越注越多，一个主要的内容就是对《史记》所记的更正，或地点，或时间，或无从考。因此，在漫漫历史长河中，历史撰述的权利就越平等，话语就越开放，但权威却在竞争中生成。

因而，严谨的记史者或史家不经深思熟虑不敢下笔，史著不被百般挑剔不被传世。如果一个著史者胡说八道，就有其他的著史者批驳他：一则驳烂他的著述，二则鞭挞他的人品，并使他的著述也上史，使他和他的著述成为史中丑类，遗臭史籍。例如，刘知幾《史通·曲笔》所记曲笔之人与曲笔之事。所以史家或记史者落笔不能不小心，也不敢不小心，不能不战战兢兢。这正如唐德刚所言：历史是一面筛子，"优良的作品，一定要经得起历史的考验！古往今来的佳作、巨著，无一而非是历史的筛子筛出来的"[①]。所以，对历史人物记述与评价的最后定音不知是哪一时代的哪一史家或记史者所为，无从钳制也不能钳制。因而，对历史真实的记述和考评具有历时性，并彰显着中国特有的一种历史文化。

二 现世与历史之间的平衡

正是由于上述中国人好记史、修史、评史，及客观历史过程所呈现出的这种特点，使中国人在现世和历史之间有了一种平衡，即现世权威与历史地位、现世利益与历史声誉、现实境遇与历史境遇、政治正确与历史正确之间的平衡。或者说中国记述的历史具有平衡现实与历史的功能。这就使人们特别是精英人物不但要角逐现世的权威、声誉、成功，

---

① 唐德刚：《史学与红学》，广西师范大学出版社2006年版，第193页。

还要角逐历史中的权威、声誉、成功。这也呈现出史家通过写史而参与历史创造的巨大影响。

（一）现世成功不等于历史成功

在众多的历史人物当中，很多人一辈子事业失败，而我们却纪念他们。譬如岳飞，虽然事业失败，但声名流芳。又如苏轼、辛弃疾的成功"不在于功名利禄的成功，而是人格上的成功"。他们都不是为自己不幸的遭遇，而是为国家的兴亡、人间的太平、人生的无常而感慨；他们的那些动人的诗句，没有悲叹自己的命运，而是悲叹万民百姓、宇宙众生，这是他们真正成功的原因。① 因此，现世的成功与历史的成功未必统一，现世成功不等于历史成功；现世权威未必等于历史权威，而且很可能是权威越大，历史地位越低。赢得现世未必赢得历史，失败于现世，未必失败于历史。现世中的成功者未必是历史中的成功者。现世的所谓成功者可能做到呼风唤雨、为所欲为，甚至制造人间灾难，但他们在历史中却遭子孙后代的谩骂与唾弃，比如慈禧、秦桧等。同理，现世中的失败者未必是历史中的失败者，而可能是历史中的成功者并享有盛名。所以在中国史上的所谓失败人物，其实并未失败。即如南宋岳飞，他只是在当时失败，在后世却是成功。又如文天祥，"倘使没有一个文天祥，那将是一部中国历史的大失败。……就他的个人论，他是失败了。从整个历史论，他是成功了"②。中国历史因此而注重衰世乱世人物、失败的人物、无表现的人物，这是中国的史心，是中国历史文化传统之真精神所在，亦即中国文化传统精义所在。"历史的大命脉正在此等人身上。"③ 虽然钱穆先生的结论可能值得商榷，但起码道出了中国文化的一种现象和精神，类似历史人物的实例不胜枚举。

（二）政治正确不等于历史正确

在中国历史上，政治的正确不同于历史的正确。政治正确是一种

---

① 参许倬云《从历史看人物·自序》，广西师范大学出版社2007年版，第1—4页。
② 钱穆：《国史新论》，第272—273页。
③ 钱穆：《中国历史研究法》，第80—97页。

社会现象，并且有时也确有现实考虑的必要。历史正确是在历史中形成的史家、记史者或民众所坚持的真理。他们不会为了迁就政治正确，而抹杀历史抹杀真实，从而使史实失真或使真理埋没，也不会以政治正确代替历史正确。对同一事件，在政治层面和历史层面上有不同的理解与阐释。例如对张邦昌降金一事，政治和历史的对待截然不同。在政治上，"王即皇帝位，相李纲，徙邦昌太保、奉国军节度使，封同安郡王"。同时，高宗降御批曰："邦昌僭逆，理合诛夷，原其初心，出于迫胁，可特与免贷，责授昭化军节度副使、潭州安置。"历史却把张邦昌列入"叛臣传"的第一名。[①] 在政治上可以原谅张邦昌，但历史不原谅张邦昌。明清之际的洪承畴也是如此。早在崇祯初年，洪承畴已经官至延绥巡抚、陕西三边总督加太子太保，为扑灭明末农民起义立了大功，成为崇祯的心腹。1640年，洪承畴又总督蓟辽军务。在松锦大战中被俘。皇太极对洪承畴礼遇有加，洪承畴最终降清。之后，洪承畴随多尔衮入关，入内阁总理军务，成为清统一全国的主要智囊。他在消灭南明唐王、鲁王、桂王政权及镇压大顺、大西农民军余部的过程中，立下了汗马功劳。死后赠少师，谥文襄，赐葬京师，立御碑。可是历史却将洪承畴永久长存于《清史列传·贰臣传甲》之中。[②] 可能后世的史家对洪承畴有不同的评价，但这种评价与《清史列传》对他的"贰臣"评价互为竞争，到底哪一种评价最后成为历史的定音，我们不得而知。但有一点可以肯定的是，只要《清史列传》这部著作不遗失的话，那么洪承畴将永久作为"贰臣"长居其间。

（三）现世境遇不等于历史境遇

人们在现世的生活中，往往有一种"德"与"福"相背离的问题。比如伯夷、叔齐"积仁洁行如此而饿死"；"盗跖日杀不辜，肝人之肉，

[①] 《宋史·列传第二百三十四叛臣上》，中华书局1977年版，第13972—13973页。
[②] 参《清史稿·洪承畴传》，中华书局1977年版，第9465—9475页；《清史列传·贰臣传·洪承畴》，中华书局1987年版，第6442—6453页。

暴戾恣睢，聚党数千人横行天下，竟以寿终"。又如那些"操行不轨，专犯忌讳"者却"终身逸乐，富厚累世不绝"；而那些"择地而蹈之，时然后出言，行不由径，非不公正不发愤，而遇祸灾者，不可胜数也"。对这种"德"与"福"相背离的情况，司马迁在两千多年前就接连发问："天之报施善人，其何如哉？"是"遵何德哉？""倘所谓天道，是邪非邪？"[①] 历史人物在现世境遇不论是富贵显赫还是历经磨难，不论是飞扬跋扈还是冤死腰斩，都不等同于他们在历史中的境遇，或许这两种境遇恰恰相反。

历史人物的现世境遇与历史境遇存在巨大差别：历史让那些生前有福而无德的人死后留下骂名，予以追罚，即所谓"遗臭万年"；让那些生前有德而无福的人死后享有盛名，予以补偿，即所谓"流芳百世"。

因此，历史使得那些在现世中绝望的人们怀有最后的希望，也成为他们的寄托。即希望历史能做出公正评价，还他们以清白。历史成为中国人，特别是中国读书人在其一生，特别是人生紧要关头所倚重的精神支柱。这种具有终极意义的信念，即能超越人的生死大限的信念，为中国一些精英之士所坚守。这里的"历史"之意，不仅指客观的历史，也指记史者或史家所记述的历史。

三 不朽理念的"同世"性、主观性与后世承担性

超越个体生命一直是人类不懈的精神追求。"人不满足于现实世界而追求超越现实世界，这是人类内心深处的一种渴望。在这一点上，中国人和其他民族的人并无二致。"[②] 至于如何阐释这种理念，不同的文明采取不同的方式：基督教文明采取宣讲《圣经》的方式，伊斯兰教文明采取宣讲《古兰经》的方式，中国文明则主要采取刻诸青史的方式。对中国人而言，他们将目光超越了现世而投向历史，以求得超越肉体生命的不朽：或永生于历史，或长存于血脉传承。血脉传承既被精英文化所肯

[①] 《史记·伯夷列传》，第 2124—2125 页。
[②] 冯友兰：《中国哲学简史》，新世界出版社 2004 年版，第 5 页。

定，也为大众文化所接受，而他们人生的最高价值在于青史留名。借助历史人们可以超越时空的界限，不但生活在现在，还能生活在未来。刘知幾对这种人生态度作了惟妙惟肖的分析："何者而谓不朽乎？盖书名竹帛而已。"① 孔子曰："君子疾没世而名不称焉"，道出了人们的共同忧虑。中国人的"活在历史"或"青史留名"的不朽方式也就是古人所说的"三不朽"，即"太上有立德，其次有立功，其次有立言"。②

而中国人的不朽首在"立德"，这不仅是由于"立德"在"三不朽"之中排名第一，代表了中华文明的一种传统和期待，而且更是因为"立德"最难，它不仅要求人们有严格的自律，而且要承受现世更多的不快与磨难，甚至付出宝贵的生命。"立功立言如画龙点睛，还须归宿到立德。"③ "三不朽"多具精神品格，凸显个人的责任意识、奋斗精神、修养水准，突出个人在历史中的作为，故为中国精英文化所彰显，也故而青史留名。这可通过文字记载下来成为典籍，也可通过口述故事传承下去而成"口碑"。相比而言，西方人的不朽，是其死后到另一个世界中去，而中国人的不朽，则在他死后依然留在同一个世界里，即他的生平思想留在他家子孙或后代人的心里而得不朽。④

由于中国人这种"不朽"理念的"同世"性和主观承担性，使人们特别是精英人物在主观上不得不注意自己现世的所作所为，并在主观上牢牢树立一种"活在历史"或"不朽"于历史的理念。一般来说，一个人在物质生活、学术权威、政治权力达到一定程度或近乎极致时，其精神追求就会上升到一定高度，就很在乎"青史留名"的东西。而进入历史并被后人时时铭记的东西，则必定是强烈震撼人心的东西，一类是属于大善的东西，非常真、善、美；一类是大恶的东西，极其假、恶、丑。人们特别是精英人物如学术权威、达官贵人、政治专家、文化

---

① （唐）刘知幾撰，（清）浦起龙通释：《史通通释》，上海古籍出版社1978年版，第303页。
② 《春秋左传正义·襄公二十四年》，阮元校刻：《十三经注疏》，第1979页。
③ 钱穆：《中国思想通俗讲话》，生活·读书·新知三联书店2002年版，第57—58页。
④ 参钱穆《灵魂与心》，广西师范大学出版社2004年版，第7—8页。

名人等，一般是追求前者而避免后者，即立德、立功、立言。

当普通人眺望或物质生活或学术权威或政治权力的地平线时，企业家或领导干部或学术权威已经站在这些东西的制高点上。此时，他们也已站在"历史"的地平线上，并需要考虑以一种什么样的姿态活在历史上。因为他们或是天下公器的掌握者，或是社会资源的享有者，或是公共权力的持有者，所以不论他们愿意不愿意，也不论如何的专制暴虐、飞扬跋扈、作威作福，他们都将进入历史，并由后人真实记述与公允评判。他们自己不注意现世的作为不要紧，在漫漫历史长河中后人会替他们注意；他们自己不考虑以什么形象生活于历史也不要紧，绵绵数代的后人也会替他们考虑，例如汪精卫。从而，他们或以真、善、美，或以假、恶、丑的面目生活在历史上。

由此可见，中国人这种"不朽"理念或青史所留之"名"往往造成非常现实的后果。同时，这种现实后果进一步体现在与"血脉传承"的关联上，并往往由血缘承担。一个历史人物无论是有善名还是有恶名，都会影响其子孙的生存状况，至少会影响他们的精神状况。[①] 比如引以为豪的袁崇焕世界各地的子子孙孙[②]，又如仍为祖宗蒙羞而抬不起头来的秦桧的子子孙孙。[③] 可以说，中国历史上凡是有品位有教养的思想家、史学家、政治家或其他人物，都很在乎自己身后事，而不愿意在历史中留下骂名，并蒙羞于子孙。

由上述不难看出，历史确实能让人们恰当地规划他们未来的生活。正是由于浸润在这种深厚的历史意识之中，所以有的学者认为"中国人都可以说是'历史人'。在中国文化中，所谓'人'，在很大程度就是'历史的'人"[④]。在某种程度上，一个人生命的意义被他所处的历

[①] 参单少杰《〈伯夷列传〉中的公正理念和永恒理念》，《中国人民大学学报》2005年第6期。

[②] 参阅崇年《袁崇焕传》，中华书局2005年版，第207—218页。

[③] 自称是秦桧第三十二世孙的秦良称："我从来不向陌生人提到我是秦氏后人。"(《秦桧后人反对祖先像跪岳母墓》，《北京晚报》2005年6月9日第35版)

[④] 黄俊杰：《中国历史思维的特征》，《史学理论研究》2013年第2期。

史和后人记述的历史所定型，生命的价值也由他所处的历史和后人记述的历史所定位。

后人在记述历史的过程中，一方面是力求历史的真实，即"求真"，这不论是古代史学还是近现代史学，不论是中国史学还是西方史学，都众口一词。另一方面是讲求善恶褒贬，维系人伦价值。前者不论于古于今都受肯定，而后者在中国古代史学中疑议不大，但在近现代史学中屡遭质疑，一是史学该不该有道德评判的问题，一是具体善恶褒贬的道德价值观念的认同问题。同时，在中国历史与文化中有一种"活在历史"或"青史留名"的不朽理念；人们总希望留下美名而不希望留下骂名——这也是中国传统史学与史书留给后人的精神财富与文化财富。现在的问题是，中国优秀的历史文化是否毫无价值可言，而统统扫进历史的垃圾堆，还是根据新的时代特征而有选择地继承其中合理与优良的成分？时境变迁，盲目全部照搬固不可取；历史无法割断，盲目全部排斥也不可行。"人们自己创造自己的历史，但是他们并不是随心所欲地创造，并不是在他们自己选定的条件下创造，而是在直接碰到的、既定的、从过去继承下来的条件下创造。"[①]在我们这个没有全国性宗教信仰的民族里，能够让人们，特别是精英人物感到有所震慑与敬畏的东西也只有历史了。对中国人而言，"青史留名"是一种心灵的价值、一种美感的价值、一种无与伦比的伟大精神价值。

第二节 善恶轴心论：以《史记》为中心

善恶不仅是其他文明中的重要思想，也是中国文化中的重要观念，在以儒释道为主体的传统文化，以及经史子集、地方志、戏剧、小说、

[①] 《马克思恩格斯选集》第1卷，人民出版社2012年版，第669页。

野史、口碑中都有集中体现。在近现代历史学、伦理学、哲学等学术大作中，对善恶多有思想或理论上的阐述。因旨趣不同，本书不在概念、思想、理论上做过多的演绎，而是结合《史记》的历史人物评价理念，来探讨古代历史书写中的"善恶轴心论"。所谓善恶轴心论就是在古代历史书写中，在流芳百世与遗臭万年上下两端之间，历史人物地位的高低，围绕善恶而上下转动。善恶是流芳百世与遗臭万年之间最为重要的张力：行善，围绕善恶轴心往上转动，而流芳百世，名垂青史；作恶，则围绕善恶轴心向下转动，而留下骂名，遗臭万年。

一　由《春秋》笔法看"善恶轴心"

"善恶轴心"在古代历史书写中，一个集中表现就是"《春秋》笔法"。所谓《春秋》笔法，一曰记录史实，讲求信而有征；二曰倡言人伦价值，褒贬善恶，意在"彰显"人物不朽于青史之中。这种历史观发轫于孔子的《春秋》，光大于司马迁《史记》等历代典籍，尤其是《二十四史》。《左传》中的"君子曰"，《史记》中的"太史公曰"，以及其他史著中的"论""赞""评"等，都集中反映了《春秋》笔法之善恶褒贬。就拿《史记》而言，司马迁推崇孔子《春秋》之义，从而继承和发展了《春秋》笔法。孔子作《春秋》，"笔则笔、削则削，子夏之徒不能赞一辞"[1]。《左传》有云："《春秋》之称，微而显，志而晦，婉而成章，尽而不污，惩恶而劝善。"[2] 孟子则曰："孔子成《春秋》，而乱臣贼子惧。"[3] 司马迁曰："夫《春秋》，上明三王之道，下辨人事之纪，别嫌疑，明是非，定犹豫，善善恶恶，贤不肖，存亡国，继绝世，补敝起废，王道之大者也。……故《春秋》者，礼义之大宗也。"[4] 司马迁此言虽针对《春秋》，而实际上这也是他撰写《史记》

---

[1]（汉）司马迁：《史记·孔子世家》，中华书局1982年版（标点本），第1944页。
[2]《春秋左传正义·成公十四年》，阮元校刻：《十三经注疏》，第1913页。
[3]《孟子注疏·滕文公章句下》，阮元校刻：《十三经注疏》，第2714、2715页。
[4]《史记·太史公自序》，第3297—3298页。

的准则。这在《史记》的布篇和诸多历史人物的评价上非常清楚。

（一）在《史记》布篇上，位列"本纪""书""世家""列传"之首的篇章皆"崇德"

第一，"十二本纪"之首的《五帝本纪》所记"五帝"皆是德厚功高者，他们既泽被后世，又立典范于后世。在《史记》百三十篇中有两整篇处于洋洋洒洒的美誉之中，这就是《五帝本纪》和《孝文本纪》。司马迁对这两篇中的五帝和孝文帝赞不绝口，他们在司马迁笔下享有少有的崇高地位。

第二，《礼书》置于"八书"之首。而又在《礼书》开篇即对"礼"盛赞跃然纸上："洋洋美德乎！宰制万物，役使群众，岂人力也哉？"文中又多次赞"礼"，如："治辨之极也，强固之本也，威行之道也，功名之总也"①。

第三，《吴太伯世家》置于"三十世家"之首。用司马迁的话说，"嘉伯之让，作吴世家第一"。② 在"太史公曰"中，又引孔子的话赞美太伯至德："孔子言'太伯可谓至德矣，三以天下让，民无得而称焉'。"③

第四，《伯夷列传》置于"七十列传"之首，而其中所记许由、伯夷、叔齐、卞随、务光、颜渊皆是道德情操高尚而现世功业的失败者。"末世争利，维彼奔义；让国饿死，天下称之。作伯夷列传第一。"④ 由此开"列传"之篇，不能不说司马迁有特别深意。

另外，《太史公自序》抒撰述宗旨，在"三十世家"之"三十个"序目中用"嘉"字约18个，约占60%。"嘉"者是嘉历史人物之美德或善举，由此也可看出司马迁对"德"之推崇。

（二）褒扬明君贤臣，称赞"死义之士"

司马迁在《史记》中记述了许多以社稷为重、不计私利的光辉形象，并称赞他们的美德。例如，美誉汉文帝即位后兴利除弊，与民休

---

① 《史记·礼书》，第1157、1164页。
② 《史记·太史公自序》，第3307页。
③ 《史记·吴太伯世家》，第1475页。
④ 《史记·太史公自序》，第3312页。

息，奖励农业生产，崇尚节俭，反对厚葬，"除诽谤，去肉刑，赏赐长老，收恤孤独，以育群生。减嗜欲，不受献，不私其利也。罪人不帑，不诛无罪"。因此，"汉兴，至孝文四十有余载，德至盛也"①。

同时，即使对普通人，尤其是"死义之士"，司马迁也着意称赞他们的德行。据学者统计，司马迁记人物传记凡112篇，涉及生死抉择形象的，至少有688人，舍生取义者至少有543人。② 由此可见司马迁对死义之士的重视。例如，在评价伍子胥时曰："向令伍子胥从奢俱死，何异蝼蚁。弃小义，雪大耻，名垂于后世，悲夫！方子胥窘于江上，道乞食，志岂尝须臾忘郢邪？故隐忍就功名，非烈丈夫孰能致此哉？"③

（三）为后世"立示范"

值得注意的是，司马迁并非独立地看待历史人物的善恶，而是将其置于历史演进过程中，注重善恶在当世的作用和对后世的影响。这也是司马迁推崇"《春秋》之义"的根本和归宿所在，而不仅仅是"笔法"的效仿或继承。

其一，"以为天下仪表"来表现。司马迁在《太史公自序》中引董生的话说："周道衰废，孔子为鲁司寇，诸侯害之，大夫壅之。孔子知言之不用，道之不行也，是非二百四十二年之中，以为天下仪表，贬天子，退诸侯，讨大夫，以达王事而已矣。"司马迁这里叙述"《春秋》之义"并非仅仅是文献交代清楚的问题，而是确确实实作为撰述准则，即："先人有言：'自周公卒五百岁而有孔子。孔子卒后至于今五百岁，有能绍明世，正《易传》，继《春秋》，本《诗》、《书》、《礼》、《乐》之际。'意在斯乎！意在斯乎！小子何敢让焉"④。

---

① 《史记·孝文本纪》，第436—437页。
② 郑诗侯：《生死皆不朽：从〈史记〉人物生死抉择看司马迁的生死观》，华中师范大学，硕士学位论文，2010年，第5页。又，参该文《附录一：〈史记〉人物生死抉择一览表》，《附录二：人物生死抉择类型统计表》，出处同上，第99—128页。
③ 《史记·伍子胥列传》，第2182页。
④ 《史记·太史公自序》，第3296页。

其二，以"整齐万民"来体现。司马迁在《礼书》中明确说："人道经纬万端，规矩无所不贯，诱进以仁义，束缚以刑罚，故德厚者位尊，禄重者宠荣，所以总一海内而整齐万民也。"① 那又如何"整齐万民"？对司马迁而言，就是在义理上秉持"《春秋》之义"，在实践上落实于《史记》撰述。譬如，司马迁在《太史公自序》中言："故有国者不可以不知春秋""为人臣者不可以不知春秋""为人君父而不通于春秋之义者，必蒙首恶之名"②。而那些为君、臣、父、子角色的具体人物，不论是圣者、贤者，还是恶者、不肖者，在《史记》中都有选择和记述。

其三，在《太史公自序》撰述宗旨中彰显。例如："国有贤相良将，民之师表也。维见汉兴以来将相名臣年表，贤者记其治，不贤者彰其事"。又如："忠信行道，以奉主上，作三十世家。扶义俶傥，不令己失时，立功名于天下，作七十列传"。另外，也在《报任安书》中有所阐发，即："古者富贵而名摩灭，不可胜记，唯俶傥非常之人称焉"。司马迁撰写《史记》的目的之一就是彰显那些"俶傥非常之人"，并非仅仅抒发内心的"愤懑"之情。

司马迁之后，多有历代大家称颂《春秋》笔法，善恶必书也成为"一条金科玉律"。③ 刘勰《文心雕龙·史传》评《春秋》曰："举得失以表黜陟，征存亡以标劝戒；褒见一字，贵逾轩冕；贬在片言，诛深斧钺。"④ 刘知幾谓："名刊史册，自古攸难，事列《春秋》，哲人所重。"⑤ 孔颖达评《春秋》说："一字所嘉，有同华衮之赠，一言所黜，无疑肖斧之诛，所谓不怒而人威，不赏而人劝。"⑥ 柳宗元称："自左丘明传孔氏，太史公述历古今，合而为史，迄于今交错相纠，

---

① 《史记·礼书》，第1157—1158页。
② 《史记·太史公自序》，第3319页。
③ 杜维运：《变动世界中的史学》，第87页。
④ 周振甫：《文心雕龙今译·史传》，中华书局1986年版，第142页。
⑤ （唐）刘知幾撰，（清）浦起龙通释：《史通通释·人物》，第240页。
⑥ 《春秋左传正义》，阮元校刻：《十三经注疏》，第1698—1697页。

莫能离其说。"① 戴名世曰："夫史者，所以纪政治典章因革损益之故，与夫事之成败得失，人之邪正，用以彰善瘅恶，而为法戒于万世。"② 章学诚曰："史之大原，本乎《春秋》，《春秋》之义，昭乎笔削；笔削之义不仅事具始末，文成规矩已也。以夫子义则窃取之旨观之，固将纲纪天人，推明大道。"③ 钱穆曰："乱臣贼子则只是时代性的，而中国历史则屹然到今。时代的杂乱，一经历史严肃之裁判，试问又哪得不惧？孔子以前的乱臣贼子早已死了，哪会有惧？但《春秋》已成，孔子以下历史上的乱臣贼子，则自将由孔子之作《春秋》而知惧。""所谓历史批判，一部分是自然的，如此则得，如此则失，如此则是，如此则非，谁也逃不出历史大自然之批判。而另一部分则是道义的，由自然中产生道义。自然势力在外，道义觉醒则在内。孔子《春秋》则建立出此一大道义，明白教人如此则得，如此则失，如此则是，如此则非。"④ 对《春秋》笔法，熊十力认为："《春秋》褒贬善恶与别嫌疑、明是非等义，即在乎此。后来史家皆宗之。"⑤

尽管"《春秋》笔法"及其思想的表现形式因具体的环境、时代、条件等而有所不同，也尽管古今贤哲对它的具体理解与阐述多有差异，但其核心思想至今仍具有重要的价值和意义。

二 由《史记》所记"天人关系"看"善恶轴心"

司马迁著史理念背后有着广阔的视域，这就是"天人关系"。"天人关系"是《史记》中的重要内容，从中我们也能看出中国古代文化中"善恶轴心"这一现象。

---

① （唐）柳宗元：《柳河东全集》卷21，中国书店1991年版，第249页。
② （清）戴名世：《南山集·史论》，载沈云龙主编《近代中国史料丛刊三编第三十九辑》，文海出版社有限公司1988年版，第97—105页。
③ （清）章学诚著，叶瑛校注解：《文史通义·卷五答客问上》，中华书局1985年版，第470页。
④ 钱穆：《中国史学名著》，生活·读书·新知三联书店2005年版，第21页。
⑤ 熊十力：《熊十力别集》，中国人民大学出版社2006年版，第234—235页。

(一)《史记》所记天及天人关系

《史记》中关于"天"的记述数据统计如下。"天":3946条;"天下":1497条;"天子":888条;"天地":182条;"天官":47条;"天文":36条;"天命":38条;"天理":6条;"上天":26条;"昊天":10条;"苍天":4条;"祭天":27条;"祀天":6条。①

上述统计数据因字词组合有重复之处,且包括索引、集解等里面相同的词语,但依然从中可以窥见司马迁"天"之相关理念。现就《史记》具体的"天"及"天人关系"的论述来管窥司马迁这一广阔的视域。

"天"是中国文化中的重要概念,在司马迁之前的《周易》《尚书》等典籍中已多有记载和阐述,之后也多有后人阐发。② "天"有多种含义,但其主要意思有三:第一,主宰之天;第二,自然之天;第三,义理之天。③ 这三种意思在《史记》"天"的记述中都有所体现。例如:

"夫天者,人之始也;父母者,人之本也。人穷则反本,故劳苦倦极,未尝不呼天也。"④

"倘所谓天道,是邪非邪?"⑤

"递兴递废,胜者用事,所受于天也。"⑥

"(秦)卒并天下,非必险固便形势利也,盖若天所助焉"⑦。

汉高祖以布衣得天下:"此乃传之所谓大圣乎?岂非天哉,岂非天哉!非大圣孰能当此受命而帝者乎?"⑧

诸吕作乱被平定,孝文帝被迎立。"此岂非天耶?非天命孰能当之?"⑨

---

① 此统计依据中国社会科学院图书馆"中国基本古籍库"。
② 参李申选编《儒教敬天说》,国家图书出版社2009年版;石磊选编《儒教天道观》,国家图书馆出版社2010年版;张二远选编《天命人性论》,国家图书馆出版社2013年版。
③ 汤一介、[法]汪德迈:《天》,第28页。
④ 《史记·屈原贾生列传》,第2482页。
⑤ 《史记·伯夷列传》,第2125页。
⑥ 《史记·律书》,第1241页。
⑦ 《史记·六国年表序》,第685页。
⑧ 《史记·秦楚之际月表》,第760页。
⑨ 《史记·外戚世家》,第1969—1970页。

（二）《史记》所记"天人关系"

对"天人关系"，司马迁主要用"天人之际"这一概念明确表述。另外，在《史记》关于天与人的叙述及对"天人之际"探究中，也蕴含着"天人关系"这一概念。"天人关系"或"天人之际"中的"人"，既可以指单数的个人，也可以指复数"人"。《史记》中关于"天人之际"的主要记述如下。

"夫天运，三十岁一小变，百年中变，五百载大变；三大变一纪，三纪而大备：此其大数也。为国者必贵三五。上下各千岁，然后天人之际续备。"[1]

"披艺观之，天人之际已交，上下相发允答。圣王之德，兢兢翼翼也。"[2]

"礼乐损益，律历改易，兵权山川鬼神，天人之际，承敝通变，作八书。"[3]

"仆窃不逊，近自托于无能之辞，网罗天下放失旧闻，考之行事，稽其成败兴坏之理，凡百三十篇，亦欲以究天人之际，通古今之变，成一家之言。"[4]

（三）人之善恶是沟通"天人关系"的重要路径

关于两者沟通的最为重要的路径——"善恶"，在《史记》中有明确表述，即《伯夷列传》所说的"天道无亲，常与善人"[5]；及"为善者，天报之以福；为非者，天报之以殃"[6]。详而言之就是：从心上讲，要有断恶修善、积德行善的真诚心、忏悔心；从行上讲，要有断恶修

---

[1] 《史记·天官书》，第1344页。
[2] 《史记·司马相如列传》，第3072页。
[3] 《史记·太史公自序》，第3319页。
[4] 《汉书·司马迁传》，中华书局1962年版，第2735页。
[5] 《史记·伯夷列传》，第2124页。
[6] 《史记·吴王濞列传》，第2833页。

善、积德行善的实际行为，要么行大善，要么积小善成大善。如此，持之以恒，天则降至百祥，否则天降百殃。因而，在天人关系之中，人并非是消极被动的，而是积极主动，那就是为善止恶，不放逸不放纵，否则必遭灾殃。

一方面，行善积德，天人关系的正向路径。这表现在帝王身上就是厚德、顺天、爱民、为善、止恶，则国兴、国盛。用司马迁的话说就是："盛哉，天子之德！一人有庆，天下赖之"①。并且司马迁提出"非德不昌"的说法。② 这些在《五帝本纪》对"五帝"的赞誉中展现无遗。

黄帝轩辕时："诸侯相侵伐，暴虐百姓，而神农氏弗能征。于是轩辕乃习用干戈，以征不享，诸侯咸来宾从。而蚩尤最为暴，莫能伐。炎帝欲侵陵诸侯，诸侯咸归轩辕。轩辕乃修德振兵……以与炎帝战于阪泉之野。三战，然后得其志。蚩尤作乱，不用帝命。于是黄帝乃征师诸侯，与蚩尤战于涿鹿之野，遂禽杀蚩尤。而诸侯咸尊轩辕为天子，代神农氏，是为黄帝。天下有不顺者，黄帝从而征之，平者去之，披山通道，未尝宁居"。于是"万国和，而鬼神山川封禅与为多焉"。

帝颛顼："静渊以有谋，疏通而知事；养材以任地，载时以象天，依鬼神以制义，以教化，絜诚以祭祀"。

帝喾高辛："普施利物，不于其身。聪以知远，明以察微。顺天之义，知民之急。仁而威，惠而信，修身而天下服。取地之财而节用之，抚教万民而利诲之，历日月而迎送之，明鬼神而敬事之"。

帝尧："乃命羲、和，敬顺昊天，数法日月星辰，敬授民时"。

"天下明德皆自虞帝始。"③

另外，帝王行厚德还可以泽被后世，使子孙享其余烈。"黄帝策天

---

① 《史记·建元已来王子侯者年表》，第1071页。
② 《史记·太史公自序》，第3305页。
③ 《史记·五帝本纪》，第3—14页。

命而治天下，德泽深后世，故其子孙皆复立为天子，是天之报有德也。"①

另一方面，为恶造罪，天人关系的反向路径。无德、逆天、虐民、为恶、造罪，则国衰、国亡。这在《史记》中所记夏桀、商纣、秦二世荒淫暴虐到极致而急速败亡的叙述中表露无遗。夏至帝孔甲，喜好方术，事淫乱，"夏后氏德衰，诸侯畔之"。再至帝桀，"桀不务德而武伤百姓，百姓弗堪"。而"汤修德，诸侯皆归汤，汤遂率兵以伐夏桀。桀走鸣条，遂放而死。……汤乃践天子位，代夏朝天下"②。殷至帝甲，而"帝甲淫乱，殷复衰"。再至帝武乙，"武乙无道"而被"震死"。至纣继位，愈加荒淫暴虐，作恶不止。而西伯"乃阴修德行善，诸侯多叛纣而往归西伯"。武王闻纣昏乱暴虐滋甚，于是顺"天命"而伐纣灭殷，纣"衣其宝玉衣，赴火而死"。③

由上可见，在沟通"天人之际"的路径中，善、恶尤其是大善大恶起着极其重要的作用。统治者讲德行，则得天下；不讲德行，则失天下。这与《大学》所言相应，即"有德此有人，有人此有土"。对于君主来说，"道得众则得国，失众则失国"，尧舜以仁对待百姓，所以得国；桀纣残暴地对待百姓，导致亡国。所以，"有国者不可以不慎，辟则为天下僇矣"。因此，统治者的道德行为，是安邦定国不可或缺的重要因素，乃至最为根本的因素。虽然政治、经济、军事、科技、知识等对安邦治国也有着不可或缺的重要作用，但从长久看，统治者尤其是最高统治者的道德行为，或整个社会的道德状况，更具根本性。

三 由中华文化来看"善恶轴心"

上述我们以《史记》这一具体实例，来认识"善恶轴心论"。下面，我们将范围扩大一点，从整个中华文化来看"善恶轴心"。中国传

---

① 《史记·三代世表》，第505页。
② 《史记·夏本纪》，第86—88页。
③ 《史记·殷本纪》，第104—108页。

统文化在思想上以儒释道为主要体现，以经史子集、方志、戏曲、小说等为主要载体，善恶是主要内容。

（一）积德与失德的不同结局

《周易》讲"地势坤，君子以厚德载物"。自此，"厚德载物"成为中华民族一个重要的文化和精神标识，流传并影响至今。"厚德载物"反过来讲就是非厚德不能载物。《周易》又说："积善之家，必有余庆；积不善之家，必有余殃。"① 意思是说，行善积德的家族，会有多余的恩泽，使后代也承受福报。积累恶行的家族，会有多余的罪业，使后代也遭受灾殃。在《周易·系辞传下》又说："善不积不足以成名，恶不积不足以灭身。……故恶积而不可掩，罪大而不可解。"而"德薄而位尊，知小而谋大，力小而任重，鲜不及矣"②。也就是说，恶积不可掩，罪大而不可解，德薄而位尊，必遭灾殃。也就是说，失德不仅影响一个人物质财富，也会影响一个人的生存状况和子孙后代的人生。比如，不得不面对和经受精神压力、社会舆论压力；同时，失德也会不同程度地影响一个人事业或家庭的向上发展。从中华文化及中国历史来看，确实像前人所言："天作孽犹可恕，自作孽不可活。"一边行恶，一边想获得幸福圆满的人生是不可能的。在恶果没呈现之前，尽管看起来可能，但从长远看，绝无可能。这也就是《大学》所言："德者，本也；财者，末也。""仁者以财发身，不仁者以身发财。未有上好仁而下不好义者也，未有好义其事不终者也"③。

另外，善恶相报，如影随形。《尚书·伊训》有曰："作善降之百祥。作不善降之百殃。尔惟德罔小，万邦惟庆；尔惟不德罔大，坠厥宗。"④ 常常行善的人，上天就赐给他种种福报。常常作恶的人，上天就降给他种种灾殃。

---

① 《周易正义·坤·文言》，阮元校刻：《十三经注疏》，第18、19页。
② 《周易正义·系辞传下》，阮元校刻：《十三经注疏》，第88页。
③ 《十三经注疏·礼记正义·大学》（标点本），第1601、1603页。
④ 《尚书·伊训》，阮元校刻：《十三经注疏》，第163页。

《尚书·大禹谟》有曰:"惠迪吉,从逆凶,惟影响。"① 意思是说,顺着善道而行就吉祥,顺从恶道而行就凶险。这就像影子随行,声音回响。类似的观点在《太上感应篇》记曰:"祸福无门,惟人自召。善恶之报,如影随形。"

(二)天地人"三才"与善恶轴心

《周易·系辞传下》记言:"有天道焉,有人道焉,有地道焉。兼三才而两之,故六。六者非它也,三才之道也。道有变动,故曰爻;爻有等,故曰物;物相杂,故曰文;文不当,故吉凶生焉。"② 对"兼三才而两之",《易·说卦》释曰:"立天之道,曰阴曰阳;立地之道,曰柔曰刚;立人之道,曰仁曰义,兼三才而两之,故《易》六画而成卦。"③ 那么,人身高不过数尺,寿命不过数十年,怎堪与高厚莫测之天地并称"三才"呢?那是因为,人可以继往圣、开来学,参天地之化育。④ 反过来说,人若不能参赞天地化育之功,不但无"善"可言,而且恶贯满盈,也就不配称为"三才"之一。

(三)儒释道中的其他阐释

不论在古代历史书写中,流芳百世与遗臭万年之间的张力,还是道家中的天、人、畜生、饿鬼、地狱五道轮回,还是佛家中的天、阿修罗、人、畜生、饿鬼、地狱六道轮回及十法界,都围绕着善恶这一轴心上下旋转。善则上升,恶则下降。这就从世间和出世间的视域证明了"善恶轴心"的有效性,不因帝王将相或黎民百姓有所差别。

其一,善是正向力量。整体而言,善是人之为人、人之成功、社会与历史、现在与未来的正向力量。"大学之道,在明明德,在亲民,在

---

① 《尚书·大禹谟》,阮元校刻:《十三经注疏》,第 134 页。
② 周振甫译注:《周易译注·系辞传下》,中华书局 2013 年版,第 289 页。
③ 周振甫译注:《周易译注·说卦》,第 298 页。
④ 释印光:《印光法师文钞全集·印光法师文钞续编卷上·复宁德恒、德复居士书》(全四册),团结出版社 2013 年版,第 650 页;印光《印光法师文钞续编卷上·复卓智立居士书》,第 701 页;印光《印光法师文钞续编卷上·复宗诚居士书》,第 717 页;印光《印光法师文钞续编卷下·人字发隐》,第 986—987 页。

止于至善。"这句家喻户晓的名言，道出了"善"在中华传统文化中的至高境界。古人讲，未生善，令生；已生善，令增长。这是说善未生时，当精勤一心勇猛，令其发生。若已生，当精勤一心修习，令其增长。不论过去还是现在与未来，善念、善语、善行都是无限的，其终极性目标就是"止于至善"。

其二，恶是负面反制力量。同理，与善相比，恶则是人之为人、人之成功、社会与历史、现在与未来的负面反制力量。为善很难，但作恶则容易得多。而且恶同样具有无限性，恶念、恶语、恶行都是无限，深不可测，所以有恶贯满盈、罄竹难书之说。因此古人讲，已生恶，令永断；未生恶，令不生。这是说，若或恶念，或恶语，或恶行已生，当精勤一心抉剔，令其永断除。若未生时，当精勤一心遮止，令其不复萌生。

其三，注重"起心动念"处的功夫和心体上的彻底。在这王阳明著名的四句中表达的很明白，即："无善无恶心之体，有善有恶意之动，知善知恶是良知，为善去恶是格物"[①]。如果能保持心如如不动，照看好"起心动念"，这最见功夫，也从根本上解决了争论几千年的善恶问题。因此，这是最上乘。也就是，保持心如如不动，不变随缘，随缘不变。随缘，非攀缘，不是随便行事，因循苟且，而是随顺当下环境因缘，从善如流；不变，不是墨守成规、冥顽不化，而是要择善固守。话虽容易，但行难。由于有意无意的欲念不断涌现，使得原本平静的心体微动，继而涟漪不断，或者波浪汹涌，相互激荡碰撞，从而不仅具有了心上的痛苦与欢乐，继而与外境互动，也就产生了看得见摸得着的幸福与悲伤，乃至世间的和平与战争，等等。在日常生活中，人之起心动念，言语行为及其后果，无不围绕着善恶这一轴心而上下转动。由此，也就有了中华文化中从"格物"开始，继而致知、诚意、正心、修身、齐家、治国，直至平天下不同层面，不同程度的修行、作为及结果。

俗言："人有天算，天则一算。"可就是天这一算，就可能将人置

---

① 《王阳明全集·传习录下》（卷三），第133页。

| 第三章 | 敬畏历史

于万劫不复之地。所以，为人处世，尤其是起心动念为恶或行恶之时，不可不慎，不可不战战兢兢，如履薄冰。康德言："有两种东西，我对它们的思考越是深沉和持久，它们在我心灵中唤起的惊奇和敬畏就会日新月异，不断增长，这就是我头上的星空和心中的道德律。"① 这句话刻在康德的墓碑之上，是他留给人类的名言之一。可以说，头上的星空是宇宙问题，心中的道德律是人自身的问题。但两者并非各自独立，而是密切相关。道德律是宇宙观在人身上的具体反映或表现，而宇宙观是对道德律做出解释的终极原因。如若仅仅从人自身，解释道德或道德律问题，但缺少宇宙观的观照，决然不会全面和深入。"善恶轴心论"也是如此，绝不能仅仅从善恶本身去理解，否则就可能陷入抽象"善恶"无休止的争论而不能自拔，这也绝非本书的目的所在。因此，对"善恶轴心论"的理解要基于以下几个方面：第一，道家和释家所提供的宇宙观；第二，儒家所提供的关于世间道德伦理的系列优秀成果，如经史子集等；第三，基于古往今来的人及社会各个层面的不同实践。因此，"善恶轴心论"绝不是概念层面的空乏说教，也不仅仅是学理上的探究；而是重在实践，重在落实于行为，成为自己生命的一部分，乃至最为重要的一部分。进而自利利人，"己欲达而达人"，鼓励更多的人在格致诚正、修齐治平上有所作为。

第三节 南昌西汉海昏侯文化释读
——以刘贺墓发掘为例

随着近些年海昏侯墓的发现、发掘和众多文物出土，海昏侯刘贺再

---

① 康德在《实践理性批判》的结论中说："有两种伟大的事物，我们越是经常、越是执着地思考它们，我们心中就越是充满永远新鲜、有增无已的赞叹和敬畏——我们头上的灿烂星空，我们心中的道德法则（der bestirnte himmel ueber mir, und das moralische gesetz in mir）！"（［德］康德：《实践理性批判》，载唐凯麟主编《西方伦理学名著提要》，江西人民出版社2000年版，第222页）

次成为人们评论的焦点。南昌海昏侯墓之所以引发社会关注,不仅仅在于出土了大量精美文物,还因为它背后蕴含着耐人寻味的墓主刘贺跌宕起伏的悲剧人生。目前,能在中国知网查阅到关于海昏侯的各类文章达数百篇,其中介绍"海昏侯墓"挖掘和文物情况介绍的达百余篇。这些文章大多发表在报纸上,而发表在期刊上的相对较少。关于海昏侯及其墓的专著主要有两部,即《发现海昏侯》和《千古悲摧帝王侯——海昏侯刘贺的前世今生》。[①] 前者重在解读海昏侯墓,堪称全国第一部全面解读海昏侯墓的专著;后者则是国内首部关于海昏侯刘贺的历史纪实文学作品。因两者所站角度不同,当然对海昏侯有着不同的叙述与解读。

历史"不是些陈编,不是些故纸,不是僵石,不是枯骨,不是死的东西,不是印成呆板的东西",而是"人类生活的行程,是人类生活的赓续,是人类生活的变迁,是人类生活的传演,是有生命的东西,是活的东西"。[②] 本书则主要依据历史文献,以儒释道相关理念释读刘贺为何继皇位短短27日便被废且短命早逝。就刘贺自身而言,主要是其本人荒诞不羁、不敬尊长、不守礼法、淫乱失道所致,同时也与其社会背景和当时的政治生态密切相关。

一 海昏侯刘贺跌宕起伏的短命人生

刘贺是汉武帝之孙,昌邑哀王刘髆之子,历经武帝、昭帝、宣帝三个时期,经历了王、帝、庶、侯的人生跌宕。刘贺曾被权臣霍光扶上帝位,但27天后旋即被废黜,并遣归故国,十年后又被封为海昏侯,之后英年早逝,年仅33岁。

(一)由王称帝

"昌邑哀王髆,天汉四年立,十一年薨,子贺嗣。"[③] 当时刘贺年仅

[①] 江西晨报编著:《发现海昏侯》,江西教育出版社2015年版;季隆武:《千古悲摧帝王侯——海昏侯刘贺的前世今生》,二十一世纪出版社集团2016年版。
[②] 李守常:《史学要论》,商务印书馆2000年版,第74页。
[③] (汉)班固:《汉书·武五子传·昌邑哀王髆》,中华书局1962年版,第2764页。

5岁，作为刘髆独子承嗣王位，为第二任"昌邑王"。公元前87年，汉武帝驾崩，8岁的刘弗陵登基，称为汉昭帝。公元前74年，年仅21岁的汉昭帝驾崩。霍光选定19岁的昌邑王刘贺入京主持丧典，以继位大统。

刘贺得以继位，有多种缘由所致，主要有以下几个方面。其一，祖母李夫人为汉武帝所宠幸。刘贺是汉武帝和李夫人的孙子。刘贺得以继位，与李夫人为汉武帝所宠幸有关。霍光"缘上雅意"是立昌邑王刘贺为帝的动因之一。① 其二，年仅21岁汉昭帝英年驾崩无子，这为刘贺继承皇位提供了难得的历史机遇。其三，权臣霍光的支持。自武帝以来，霍光日益权重。"元平元年，昭帝崩，无嗣。武帝六男独有广陵王胥在，群臣议所立，咸持广陵王。王本以行失道，先帝所不用。光内不自安。郎有上书言：'周太王废太伯立王季，文王舍伯邑考立武王，唯在所宜，虽废长立少可也。广陵王不可以承宗庙。'言合光意。光以其书视丞相敞等，擢郎为九江太守，即日承皇太后诏，……迎昌邑王贺。"② 于是刘贺即皇帝位。

（二）由帝成庶

但是好景不长，刘贺在位仅27天旋遭废黜，并被送回封地昌邑，削去王号，贬为平民。刘贺之所以被废，缘由众多。这在《汉书·霍光传》里众臣对皇太后的"奏"中有详细记载，兹录如下，以便我们下文分析：

> "天"子所以永保宗庙总一海内者，以慈孝礼谊赏罚为本……服斩缞，亡悲哀之心，废礼谊，居道上不素食，使从官略女子载衣车，内所居传舍。始至谒见，立为皇太子，常私买鸡豚以食。受皇帝信玺、行玺大行前，就次发玺不封。从官更持节，引内昌邑从官驺宰官奴二百余人，常与居禁闼内敖戏。自之符玺取节十六，朝暮临，

---

① 《汉书·外戚列传·孝武李夫人》，第3951—3955页。
② 《汉书·霍光传》，第2931—2937页；《汉书·昭帝纪》，第217—233页。

令从官更持节从。为书曰:"皇帝问侍中君卿:使中御府令高昌奉黄金千斤,赐君卿取十妻。"大行在前殿,发乐府乐器,引内昌邑乐人,击鼓歌吹作俳倡。会下还,上前殿,击钟磬,召内泰一宗庙乐人辇道牟首,鼓吹歌舞,悉奏众乐。发长安厨三太牢具祠阁室中,祀已,与从官饮啖。驾法驾,皮轩鸾旗,驱驰北宫、桂宫,弄彘斗虎。召皇太后御小马车,使官奴骑乘,游戏掖庭中。与孝昭皇帝宫人蒙等淫乱,诏掖庭令敢泄言要斩。

取诸侯王、列侯、二千石绶及墨绶、黄绶以并佩昌邑郎官者免奴。变易节上黄旄以赤。发御府金钱、刀剑、玉器、采缯、赏赐所与游戏者。与从官官奴夜饮,湛沔于酒。诏太官上乘舆食如故。食监奏未释服,未可御故食,复诏太官趣具,无关食监。太官不敢具,即使从官出买鸡豚,诏殿门内,以为常。独夜设九宾温室,延见姊夫昌邑关内侯。祖宗庙祠未举,为玺书使使者持节,以三太牢祠昌邑哀王园庙,称嗣子皇帝。受玺以来二十七日,使者旁午,持节诏诸官署征发,凡千一百二十七事。文学光禄大夫夏侯胜等及侍中傅嘉数进谏以过失,使人簿责胜,缚嘉系狱。荒淫迷惑,失帝王礼谊,乱汉制度。臣敞等数进谏,不变更,日以益甚,恐危社稷,天下不安。

今陛下嗣孝昭皇帝后,行淫辟不轨。……宗庙重于君,陛下未见命高庙,不可以承天序,奉祖宗庙,子万姓,当废。

皇太后诏曰:"可。"……大将军光送至昌邑邸,光谢曰:"王行自绝于天,臣等驽怯,不能杀身报德。臣宁负王,不敢负社稷。愿王自爱,臣长不复见左右。"光涕泣而去。①

值得一提的是,这份事关国家社稷废立大事的向皇太后的"奏"见自《汉书·霍光传》,而不是见于与刘贺关系更为密切的《汉书·武

---

① 《汉书·霍光传》,第2940—2946页。

五子传·昌邑王刘髆》，或此时显得也很重要的皇太后的传记《汉书·孝昭上官皇后》。班固的这种布篇或许说明，彼时彼境霍光更为重要。另外，该"奏报"是"公文"，既然是公文，那么在行文上虽然不至于全假，但也至少不能全真，特别是刘贺仅仅在位27天，却干了1127件坏事，平均每天40余件，这是否有夸张之处，还有待深入研究。但《汉书》对刘贺的这种记述，应与其实际状况相差不远。古代纪传体史书，往往将历代皇帝列为"纪"，而《汉书》对这位仅继位27天的汉废帝，既无"纪"可撰，也无独"传"可记，这本身就诉说着班固对刘贺的态度。

东汉荀悦所撰《汉纪》和北宋司马光编著《资治通鉴·汉纪十六》，主要是在对《汉书》进行删节的基础上完成的，内容和《汉书》基本相同，区别不大。[①] 这至少说明作为史家的荀悦和司马光认同班固《汉书》对刘贺的记述。

当今，有些学者依据海昏侯墓出土的编钟、琴瑟、竹简、漆砚、棋盘以及收藏品提梁卣等文雅之物，对《汉书》所记刘贺提出异议。[②] 但仅仅根据出土的体现文化品位的竹简等文物，而改变《汉书》等对刘贺记述的形象，还有待于深入研究，毕竟自古至今以文化物品而附庸风雅者比比皆是。相信随着对南昌西汉海昏侯墓及出土文物的进一步研究，这方面定有收获。

（三）由庶成侯

历史的结果往往让人难以预料。刘贺被废后虽然成为庶民，但难以在其昌邑"故国"善终，而是长期被监视，被认为"无所忌"，后封为海昏侯，并最终客死他乡。刘贺由庶成侯，有以下几个环节。

其一，"心内忌贺"，派人监视。刘贺回到昌邑王故地以后，汉宣帝即位。

[①] （东汉）荀悦：《汉纪·孝昭皇帝纪》，中华书局2002年版，第285—289页；（宋）司马光编著：《资治通鉴·汉纪十六》，第775—793页。

[②] 叶青：《炫曜黄泉：说说南昌西汉海昏侯墓》，《文艺报》2016年2月19日第6版。

但宣帝"心内忌贺，元康二年遣使者赐山阳太守张敞玺书曰：'制诏山阳太守：其谨备盗贼，察往来过客，毋下所赐书！'敞于是条奏贺居处，著其废亡之效，曰：'臣敞地节三年五月视事，故昌邑王居故宫，奴婢在中者百八十三人，闭大门，开小门，廉吏一人为领钱物市买，朝内食物，它不得出入。督盗一人别主徼循，察往来者。以王家钱取卒，迥宫清中备盗贼。臣敞数遣丞吏行察。'"①

其二，"贺不足忌"，封海昏侯。地节四年（公元前66年）九月中，张敞到刘贺住处查看其状况，见刘贺"年二十六七，为人青黑色，小目，鼻末锐卑，少须眉，身体长大，疾痿，行步不便。衣短衣大绔，冠惠文冠，佩玉环，簪笔持牍趋谒。臣敞与坐语中庭，阅妻子奴婢。臣敞欲动观其意，即以恶鸟感之，曰：'昌邑多枭。'故王应曰：'然。前贺西至长安，殊无枭。复来，东至济阳，乃复闻枭声。'臣敞阅至子女持簪，故王跪曰：'持簪母，严长孙女也。'……察故王衣服言语跪起，清狂不惠。妻十六人，子二十二人，其十一人男，十一人女。昧死奏名籍及奴婢财物簿。……其天资喜由乱亡，终不见仁义如此。后丞相御史以臣敞书闻，奏可。皆以遣。上由此知贺不足忌"②。

从张敞这份报告可以得知，刘贺回到昌邑被监视居住几年以后，便成为一个白痴并不足为宣帝所忌。于是元康三年（公元前63年）三月，宣帝乃下"诏曰：'盖闻象有罪，舜封之，骨肉之亲，析而不殊。其封故昌邑王贺为海昏侯，食邑四千户。'侍中卫尉金安上上书言：'贺天之所弃，陛下至仁，复封为列侯。贺嚚顽放废之人，不宜得奉宗庙朝聘之礼。'奏可。贺就国豫章"③。"海昏"为豫章郡之县，王莽时改称"宜生"。④

---

① （汉）班固：《汉书·武五子传·昌邑哀王刘髆》，中华书局1962年版，第2767页。
② （汉）班固：《汉书·武五子传·昌邑哀王刘髆》，中华书局1962年版，第2767—2768页。
③ （汉）班固：《汉书·武五子传·昌邑哀王刘髆》，中华书局1962年版，第2769页；《汉书·宣帝纪》，第257页。
④ 《汉书·地理志上》，第1593页。

于是刘贺成为第一代海昏侯。一方面,"不宜得奉宗庙朝聘之礼",使刘贺不仅不能回京朝觐天子,更不能拜祭宗庙,从而是一个不完整的列侯,尽管其实际经济利益由"汤沐邑二千户"或"三千户"增至"食邑四千户"。另一方面,他被迫离开父子两代经营三十余年的"故国",来到比较荒僻的江南"豫章"。从某种意义说,这是"古者废放之人屏于远方,不及以政"传统在刘贺被废十年之后的曲折贯彻。①

其三,"削户三千",继遭压制。到豫章为侯的刘贺,一直生活在宣帝的监控之下。数年后,因为:"扬州刺史柯奏贺与故太守卒史孙万世交通,万世问贺:'前见废时,何不坚守毋出宫,斩大将军,而听人夺玺绶乎?'贺曰:'然。失之。'万世又以贺且王豫章,不久为列侯。贺曰:'且然,非所宜言。'有司案验,请逮捕。制曰:'削户三千。'后薨。"② 扬州刺史柯的奏书充分反映出宣帝依旧派遣官吏严密监视海昏侯刘贺,并未放松对刘贺的警惕。

至于刘贺死后如何埋葬,在"三国"文献中有少许记述。《三国志·魏书·三少帝纪》记载,甘露五年(公元260年)春,"高贵乡公卒"后,"皇太后令曰……昔汉昌邑王以罪废为庶人,此儿亦宜以民礼葬之"。③ 这里"亦宜以民礼葬之"表明,在曹魏时期,社会上还流传着刘贺以庶人"民礼"埋葬的说法。

二 放荡不羁,不守儒家礼法

海昏侯刘贺在短短33年的生命历程中,经历了王、帝、庶、侯的人生跌宕。人生前期作为帝王之家的纨绔子弟,是淫乱荒诞;后期虽然物质生活豪华富贵,但是精神萎靡不堪,清狂白痴,最终英年早逝。刘贺的人生跌宕,可以从儒学方面得以分析,从中可见"德"对一个人

---

① 王子今:《海昏侯故事与豫章接纳的移民》,《文史知识》2016年第3期。
② (汉)班固:《汉书·武五子传·昌邑哀王刘髆》,中华书局1962年版,第2769—2770页。
③ (晋)陈寿:《三国志·魏书·三少帝纪·高贵乡公髦》,中华书局1982年版,第143—144页。

生命、家庭和事业的重要作用。

儒家讲四端、五伦、五常、八德，具体如孝、悌、忠、信、礼、义、廉、耻。在其中的有些方面，刘贺可谓"有目共睹"。《诗经》有"思无邪"之说，就是说思想没有邪知邪见，但对刘贺而言，恰恰相反。儒家经典《礼记》《仪礼》《周礼》记述了关于丧礼、丧服、问丧、奔丧、祭祀、乐记及职守等各种礼仪的规制和细节，将刘贺所作所为与之相比，差之甚远，乃至天壤之别。在前述刘贺被废的缘由中，我们可细分为以下几个方面，由此可见刘贺对儒家礼仪的违背。

其一，违背印玺制度。刘贺用印玺后，随便搁置，更不缄封，常人皆能看见，极不重视和谨慎。又拿诸侯王、列侯、二千石绶及墨绶、黄绶随意佩带在昌邑郎官身上，滥宠卑贱，随意释免奴婢为良人，扰乱礼法。

其二，乱用持节，大兴征发。刘贺任由昌邑从官随意相互持节，随意更改持节上标识，由黄旄改为赤旄。同时，滥发政令，使者往来如同穿梭，持节诏令诸官署疲于征发，共计"千一百二十七事"。

其三，违背祭祀礼仪。刘贺在丧服期间，尚未祭祀宗庙的前提下而私下祭礼昌邑哀王刘髆，颁布玺书派遣使者持节前往，用三太牢祭祀昌邑哀王园庙，并称"嗣子皇帝"。

其四，拒谏饰非，毫不悔过。文学光禄大夫夏侯胜、侍中傅嘉数次进谏，说明其过失，期望其修身奉法，遵守礼义。可是刘贺既不反思，反而使属下以文簿指责夏侯胜，又派人将傅嘉打入监狱。杨敞等朝臣数次进谏，依旧毫不更改。另外，郎中令龚遂也曾劝谏刘贺："宜进先帝大臣子孙亲近以为左右。如不忍昌邑故人，信用谗谀，必有凶咎。愿诡祸为福，皆放逐之。"刘贺不用龚遂言，卒至于废。[①]

上述四点，或违背制度，或违背儒家礼节。以下两方面则更为严重，可谓是刘贺被废的最重要和最直接的原因。

---

① （汉）班固：《汉书·武五子传·昌邑哀王刘髆》，中华书局1962年版，第2766页。

其一，不敬尊长，违背儒家"葬礼"。儒家《仪礼》《礼记》中对葬礼有着明确的规定。汉昭帝驾崩后，刘贺在主丧期间，无悲哀之心，我行我素，不遵守孝道。"孝"是中国社会最为基本也最为重要的伦理纲常。刘贺被征后，在赶往京城的道路上不素食，常食肉，不遵守丧葬期间饮食制度；同时，派遣随从人员沿途房掠女子，载入衣车，纳入传舍。主丧时，因丧服裳下不便行走，直接斩割缞裳。即使立为皇太子后，亦越过食监管理，常使人私下买鸡豚肉饮食，不食素，废弃丧葬礼仪。

更为严重的是，刘贺在主丧期间擅自发配乐府乐器，引进昌邑乐人，击鼓，歌吹，作俳倡。昭帝灵柩刚入宫，刘贺不居处丧位，而随意居处前殿。击钟磬，召见泰一宗庙乐人辇道牟首，鼓吹歌舞，悉奏众乐。擅自征发长安厨用三大牢具祭祀阁道中淫祀。祭祀完后，与从官饮食无常，驾乘法驾，皮轩鸾旗，驱驰北宫、桂宫，弄彘斗虎。诏令调用上官皇太后御用小马车，使官奴骑乘之，游戏于宫庭之中。更可恶的是，"与孝昭皇帝宫人蒙等淫乱，诏掖庭令敢泄言要斩"。丧葬期间如此胡作非为，不仅严重违背儒家葬礼，也是对先帝的大不敬。

其二，淫乱失道。《汉书·武五子传·昌邑哀王刘髆》记载："王受皇帝玺绶，袭尊号。即位二十七日，行淫乱。"①《汉书·霍光传》记载曰：刘贺"既至，即位，行淫乱"。②《汉书·宣帝纪》记载："元平元年四月，昭帝崩，毋嗣。大将军霍光请皇后征昌邑王。六月丙寅，王受皇帝玺绶，尊皇后曰皇太后。癸巳，光奏王贺淫乱，请废。"③可以说，刘贺"行淫乱"，"失帝王礼谊"，"乱汉制度"，不能堪大任，只有被废。

刘贺之所以淫乱失道，与其从小作为纨绔子弟而不学无术的习气密切相关。在即位前，平时就行为狂纵，不遵礼法。《资治通鉴·汉纪十六》曰：贺"在国素狂纵，动作无节。武帝之丧，贺游猎不止。尝游

---

① （汉）班固：《汉书·武五子传·昌邑哀王刘髆》，中华书局1962年版，第2765页。
② 《汉书·霍光传》，第2937页。
③ 《汉书·宣帝纪》，第238页。

方舆，不半日驰二百里"。尽管时有忠臣王吉、龚遂等劝谏，但依然"放纵自若"。①《汉书·五行志》曰："昭帝时，……贺狂悖，闻天子不豫，弋猎驰骋如故，与驺奴宰人游居娱戏，骄嫚不敬。……即位，狂乱无道，缚戮谏者夏侯胜等。于是大臣白皇太后，废贺为庶人。"②

唐初虞世南在所著《帝王略论》中专设《海昏侯》篇，其中"公子"即李世民曰："汉之昌邑，淫昏已甚，比之桀、纣，可为匹乎？""先生"即虞世南曰："桀、纣之王，各已十载，负扆南面，历年永久，然后恶被生民，害加百姓。昌邑蕃国之嗣，擢居元首。朽索驭奔，犹惧不克。况乃身服衰斩，梓宫在殡，裸身嬉逐，曾未三旬。沉湎昏纵如斯之甚，若使遂享中国，肆其狂暴，则夏癸、商辛未足比也。"③李世民所问甚是简短，虞世南所论甚是简洁，其推论也只是假设，但都是反映刘贺为人为政的视角，即对刘贺的否定。

中国是一个以伦理为本位的国度，对君臣关系而言，《礼记·礼运》有"人义"十论，其中有"君仁、臣忠"之说，即君主仁慈，臣子忠诚。④《论语》有"君君臣臣"之说，即做君主的要有君主的样子，做臣子的要有臣子的样子。⑤《孟子》含"君臣有义"之论，即君使臣以礼，臣事君以忠。⑥但从刘贺所作所为来看，他是君不能为君，君不像君。既然君不能为君，君不像君，所以当臣子的也就不能为其臣，刘贺被废也就在情理之中。

由于刘贺"即位，行淫乱"，霍光忧懑，"独以问所亲故吏大司农田延年。延年曰：'将军为国柱石，审此人不可，何不建白太后，更选贤而立之？'光曰：'今欲如是，于古尝有此否？'延年曰：'伊尹相殷，废太甲以安宗庙，后世称其忠。将军若能行此，亦汉之伊尹也。'光乃

---

① （宋）司马光编著：《资治通鉴·汉纪十六》，第776—777页。
② 《汉书·五行志》，第1367页。
③ （唐）虞世南撰，陈虎译注：《帝王略论》，中华书局2008年版，第65页。
④ 《礼记正义·礼运》，阮元校刻：《十三经注疏》，第1422页。
⑤ 《论语注疏·颜渊》，阮元校刻：《十三经注疏》，第2503页。
⑥ 《孟子注疏·滕文公章句上》，阮元校刻：《十三经注疏》，第2705页。

引延年给事中，阴与车骑将军张安世图计，遂召丞相、御史、将军、列侯、中二千石、大夫、博士会议未央宫"。议者皆叩头，曰："万姓之命在于将军，唯大将军令。"光即与群臣俱见白太后，连名奏王，言刘贺行淫辟不轨，这才有了前述刘贺被废一幕。①

历史事件的发生，往往是综合因素的共同作用。刘贺之所以很快被废黜，除了上述不守儒家礼法外，还有一个重要因素就是与霍光等政治权力的角逐。这方面大有可探研之处，限于主题，此不赘述。②

《礼记·经解》有曰："天子者，与天地参。故德配天地，兼利万物，与日月并明，明照四海而不遗微小。……居处有礼，进退有度，百官得其宜，万事得其序。"又曰："夫礼，禁乱之所由生，犹坊止水之所自来也。故以旧坊为无所用而坏之者，必有水败；以旧礼为无所用而去之者，必有乱患。"③由刘贺所为，知此言不虚。

三 因果相报，如影随形

"祸福无门，唯人自召。善恶之报，如影随形。"从中国历史看，此绝非虚言。"因果报应"或"善恶相报"说，在儒释道经典里面皆有论述，其并非我们原来所认为的封建迷信，而是时刻发生在我们的生活中。这在历史中的实例也举不胜举。民国时期，印光法师以《二十四史》等主要史书为依据，亲自组织专家、学者将善恶报应的历史实例汇集成《历史感应统纪》。④此外，尚有《了凡四训》《太上感应篇》《文昌帝君阴骘文》《俞净意公遇灶神记》《安士全书》等著都有着类似的记载。因此，刘贺继位27天被废，33岁英年早逝，绝非此说的孤案。所以，以此说来释读刘贺所为，也是一个很契合的视域。

---

① 《汉书·霍光传》，第2937—2946页。
② 这方面已有大作在探讨，参黄今言、温乐平《刘贺废贬的历史考察》，《江西师范大学学报》（哲学社会科学版）2016年第2期。
③ 《礼记正义·经解》，阮元校刻：《十三经注疏》，第1610页。
④ 详参许止净编著，檀作文、万希译注《中国历史感应故事（原增修历史感应统纪）》，华东师范大学出版社2012年版。

（一）德薄而位尊，必遭灾殃

《尚书·伊训》有曰："作善降之百祥，作不善降之百殃。尔惟德罔小，万邦惟庆；尔惟不德罔大，坠厥宗。"① 常常行善的人，上天就赐给他种种福报；常常作恶的人，上天就降给他种种灾殃。

《尚书·大禹谟》有曰："惠迪吉，从逆凶，惟影响。"② 意思是说，顺着善道而行就吉祥，顺从恶道而行就凶险。这就像影子随行，声音回响。类似的观点在《太上感应篇》记曰："祸福无门，惟人自召。善恶之报，如影随形。"③ 在《中国历史感应故事（原增修历史感应统纪）》记曰："善恶报应，捷如影响。"④ 这些观点意思相近，都是说善恶相报，如影随形，丝毫不爽。海昏侯刘贺就是一个生动而令人回味的实例。

刘贺德不配位不仅自己遭殃，而且殃及子孙。刘贺被废之后，群臣曾奏言："古者废放之人屏于远方，不及以政，请徙王贺汉中房陵县。"而"太后诏归贺昌邑，赐汤沐邑二千户"。⑤《汉书·武五子传·昌邑哀王刘髆》记曰："大将军光与群臣议，白孝昭皇后，废贺归故国，赐汤沐邑二千户，故王家财物皆与贺。及哀王女四人各赐汤沐邑千户……国除，为山阳郡。"⑥《汉书·诸侯王表》的说法是：刘贺"立二十七日，以行淫乱，废归故国，予邑三千户"。⑦ 其中所言"故国"和"国除"，表明昌邑国已经不复存在。

神爵三年（公元前59年）刘贺去世。之后，豫章太守廖奏言："舜封象于有鼻，死不为置后，以为暴乱之人不宜为太祖。海昏侯贺死，上当为后者子充国；充国死，复上弟奉亲；奉亲复死，是天绝之

---

① 《尚书正义·伊训》，阮元校刻：《十三经注疏》，第163页。
② 《尚书正义·大禹谟》，阮元校刻：《十三经注疏》，第134页。
③ 《弟子规 太上感应篇 十善业道经》，团结出版社2014年版，第12页。
④ 许止净编著，檀作文、万希译注：《中国历史感应故事（原增修历史感应统纪）》，第207页。
⑤ 《汉书·霍光传》，第2946页。
⑥ （汉）班固：《汉书·武五子传·昌邑哀王刘髆》，中华书局1962年版，第2765页。
⑦ 《汉书·诸侯王表》，第420页。

也。陛下圣仁，于贺甚厚，虽舜于象无以加也。宜以礼绝贺，以奉天意。愿下有司议。"于是"议皆以为不宜为立嗣，国除"。① 对此《汉书·王子侯表》记曰："坐故行淫辟，不得置后"。② 这样，海昏侯国"国除"，子嗣没有继承爵位。待元帝即位，在初元三年（公元前46年），"复封贺子代宗为海昏侯，传子至孙"③。虽然子孙复封，但刘贺还是殃及了子孙。

（二）淫欲过度，短命而亡

刘贺为何在物质生活极为丰富的情况下只有33岁就英年早逝？尽管有"冬虫夏草"作为大补，④ 但刘贺身体确实不很健康而是病态。如前所述，刘贺"年二十六七，为人青黑色，小目，鼻未锐卑，少须眉，身体长大，疾痿，行步不便。……察故王衣服言语跪起，清狂不惠"⑤。

在海昏侯墓的东寝、西堂均发现床榻，不论是堂还是寝，基本上是按照逝者生前的习惯设置。按照礼制，西堂是海昏侯接待和办公的地方，置放一个坐榻更符合常理，但在西堂发现一张床榻，极有可能是海昏侯生前身体不好，需要经常躺着，办公、待客不得不依靠床榻。⑥ 这也是刘贺身体不好的一个证据。这说明刘贺在被贬为海昏侯的最后几年中，身体情况很差，而且精神萎靡不堪。这与淫乱或淫欲过度有关。如前所述，刘贺在奔昭帝丧及守丧的过程中，"使从官略女子载衣车，内所居传舍"，"与孝昭皇帝宫人蒙等淫乱，诏掖庭令敢泄言要斩"。⑦ 另外，有"妻十六人"⑧。

在佛教、道教中都将"邪淫"作为五戒之一，并且对"邪淫"果

---

① （汉）班固：《汉书·武五子传·昌邑哀王刘髆》，中华书局1962年版，第2770页。
② 《汉书·王子侯表》，第493页。
③ （汉）班固：《汉书·武五子传·昌邑哀王刘髆》，中华书局1962年版，第2770页。
④ 江西晨报编著：《发现海昏侯》，江西教育出版社2015年版，第77页。
⑤ （汉）班固：《汉书·武五子传·昌邑哀王刘髆》，中华书局1962年版，第2767—2768页。
⑥ 郁鑫鹏：《东寝西堂均发现床榻 专家推测海昏侯生前健康状况不佳》，《江西日报》2015年11月16日第A02版。
⑦ 《汉书·霍光传》，第2940—2946页。
⑧ （汉）班固：《汉书·武五子传·昌邑哀王刘髆》，中华书局1962年版，第2767页。

报多有记述。例如《地藏经》言："若遇邪淫者，说雀鸽鸳鸯报。"①《楞严经》中说："地狱十因六果，皆是众生迷妄所造。……身口意三，作杀、盗、淫，是人则入十八地狱。三业不兼，中间或为一杀一盗，是人则入三十六地狱。见见一根，单犯一业，是人则入一百八地狱。"②对佛教中的这种因果相报可能令我们凡人费解，但是在道教《太上感应篇》的记述却浅显易懂，并在刘贺身上得到充分验证，即"淫欲过度……如是等罪，司命随其轻重，夺其纪算。算尽则死，死有余责，乃殃及子孙"③。

在"因果报应"或"善恶相报"观念中，从因到果往往需要经历一段时间才能成熟。这个时间段在儒释道文化中有着不同的理解。大体说来，依照产生报应的时间，果报可以分成三种。第一，现报，即随机作恶随机受报，或今生造业，今生受报。如正在作恶被抓现场者有之，今生杀人今生偿命者亦大有人在。第二，后报，即今生造业，后世受报。例如，在中国古代史书的历史人物评价中，有众多人物如秦始皇、曹操、武则天、慈禧太后等，在现世中呼风唤雨，作威作福，却在历史中留下骂名。在中国历史中，"遗臭万年"的历史人物比比皆是。这个"遗臭万年"就是后报。第三，不定报。即今生造恶，不一定在什么时候受报，这要看遇到什么样的机缘，如果现世机缘具足了，就现世受报，如果后世机缘具足了，就后世受报。虽受报时间不同，但肯定无法逃脱。对此我们不能不战战兢兢，心存敬畏。

总之，因缘际会，果报自受；德不配位，必有灾殃；善恶报应，如影随形。这种思想在刘贺身上得到了充分的验证。非厚德不能载物，所以大者刘贺承载不起江山，承载不住皇帝位，小者他也承载不住自己的生命和富贵荣华。刘贺当世被削"三千邑"，去世两千余年后，坟墓被

---

① 许颖译注：《地藏经药师经》，中华书局2009年版，第88页。
② 赖永海主编，刘鹿鸣译注：《楞严经》，中华书局2012年版，第351、366页。
③ 净空法师著，伍恒山整理：《太上感应篇讲记·太上感应篇（原文）》，长江文艺出版社2011年版，第1—2页。

盗，继而被考古发掘，其中大量财宝也已不再属于刘贺。① 若地下有知，刘贺定然更为不爽，毕竟没有一个人愿意自己的坟墓被挖。刘贺的前世今生昭示我们，即使生在帝王之家，或本身就是帝王，也不可胡作非为；否则难有善终，不仅当世身败，后世也要名裂，商纣王、秦二世、隋炀帝，乃至刘贺莫不如此。这些善恶相报的事迹，启示深刻，耐人寻味。

---

① 参江西晨报编著《发现海昏侯》，江西教育出版社2015年版，第78—88页。

第四章

中华文化与新时代历史研究

十八大以来,历史研究朝着中国本土化转向。这种转向是新时代国家发展逻辑,从文化自卑到文化自信文化发展逻辑,历史学内在发展逻辑的必然。习近平总书记关于历史、历史科学、中华优秀传统文化等系列重要讲话,国家相关文化政策的出台,新历史研究机构的成立,相关重大项目的落实,以及史学界诸多相关具体成果等,都昭示着历史研究向本土化转向。历史研究本土化转向的本质,是基于文化认同,依托高度的文化自信,重新认识中国历史发展的内在理路,提炼出富有启发性和阐释力的本土化概念、理论和思想,从而能够揭示中国经验、中国道路、中国智慧,彰显中国特色、中国风格、中国气派,并在促进构建人类命运共同体中为世界提供一种新的文化选择。

第一节 文化自信与新时代历史研究中国本土化转向

党的十八大以来,与整个国家的思想、文化、学术气候相适应,历史研究朝着中国本土化转向。在思想界,郑永年的系列大作对社会现状、国际局势、道德价值、话语体系、文化软实力等问题有系统深入的阐述。在历史学界,王学典的相关大作堪称代表。对两位先生的代表性成果，后文将在具体问题上有所涉及，此不赘述。本章节则从文化认同的角度，阐述新时代历史研究本土化转向问题。

新时代特指自党的十八大以来，中国特色社会主义社会发展的新阶段新时期。文化认同，是指人们对历史中形成的本民族最核心价值的肯定性体认。本土化转向，是指基于文化认同，回归中国本土，彰显中国主体，系统、全面、完整、清晰展现中国历史的文化根脉、历史根基、思想渊源，及内在精神气韵。这不仅能推动新时代历史研究的发展，而且能为新时期的治国理政提供历史智慧，为世界其他国家提供中华文化的借鉴。

一　问题的提出

为什么历史研究向本土化转向发生在十八大之后？从根本上说，这与国家发展大势密不可分。十八大以来，中国特色社会主义进入新时代，党的工作重心发生了重大转移。正是基于党和国家工作重心的转移，自近代以来形成的文化自卑、基于西方范式的历史学已经不能适应新时代发展的需要。

（一）新时代国家发展逻辑的必然

基于文化认同，历史研究转向本土是国家发展大势使然。具体而言，就是与十八大以来党的工作重心的再次转移密不可分。这次工作重心的转移被称为"第四次转移"。第一次为1921年到1949年的"以武装革命为纲，以夺取政权为中心"；第二次为1949年到1978年的"以阶级斗争为纲，以巩固政权为中心"；第三次为1978年到2012年的"以经济建设为纲，以脱贫致富为中心"；第四次为2012年至今的"以民族复兴为纲，以信仰、精神、伦理、秩序、规则重建为中心"。就百余年中国和世界历史发展历程而言，以文化自信为标志的党的第四次工作重心转移，是一个合规律性和合目的性的选择，其终极目标是在富起来强起来的同时，全面提高国民素质，再造一个更加文明、更加富强的中国，实现中华民族的伟大复兴。[1]

---

[1] 王学典：《全党工作重心的第四次转移与文化自信的提出》，《济南大学学报》（社会科学版）2022年第1期。

对此，一个突出表现就是习近平总书记于 2016 年 5 月 17 日，在哲学社会科学工作座谈会上，一方面强调哲学社会科学不可替代的重要地位；一方面指出其存在的问题。他说："哲学社会科学是人们认识世界、改造世界的重要工具，是推动历史发展和社会进步的重要力量，其发展水平反映了一个民族的思维能力、精神品格、文明素质，体现了一个国家的综合国力和国际竞争力。一个国家的发展水平，既取决于自然科学发展水平，也取决于哲学社会科学发展水平。一个没有发达的自然科学的国家不可能走在世界前列，一个没有繁荣的哲学社会科学的国家也不可能走在世界前列。"他同时指出："面对新形势新要求，我国哲学社会科学领域还存在一些亟待解决的问题。比如，哲学社会科学发展战略还不十分明确，学科体系、学术体系、话语体系建设水平总体不高，学术原创能力还不强；哲学社会科学训练培养教育体系不健全，学术评价体系不够科学，管理体制和运行机制还不完善；人才队伍总体素质亟待提高，学风方面问题还比较突出，等等。总的看，我国哲学社会科学还处于有数量缺质量、有专家缺大师的状况，作用没有充分发挥出来。"[1] 通过前后对比，对照史学界整体发展状况，我们不难发现，习近平总书记对中国目前哲学社会科学现状的分析一语中的。这也说明，这种现状不适应当前中国发展的新形势。因此，在本次讲话中，他期待这种状况能够改变，期待学界在解决影响我国哲学社会科学发展的突出问题上取得明显进展。由此，我们也就不难发现当下历史研究向本土转向，是适应新时代国家发展逻辑的必然。

因此，正是伴随着党工作重心的"第四次"转移，历史研究开始了其第三次转向，即从"以现代化（西方化）为纲"到"以本土化（中国化）为纲"的转型。[2] 这次学术本土化或中国化的实质就是，基于文化认同，彰显文化自信，从根本上摆脱对西方化理论体系的依赖，回归中国本土历史，结合中国现实，构建具有中国特色的学科体

---

[1] 习近平：《在哲学社会科学工作座谈会上的讲话》，《人民日报》2016 年 5 月 19 日第 2 版。
[2] 王学典：《迎接第三次学术大转型》，《中华读书报》2022 年 5 月 4 日第 4 版。

系、学术体系、话语体系。这项工作自十八大以来已经开始,并逐见成效。

（二）从文化自卑到文化自信文化发展逻辑的必然

自1840年鸦片战争以来,中国作为东方文明古国,屡遭侵略,屡屡战败,领土被瓜分,主权受侵犯,尊严被践踏,从而导致日益深重的民族危机。鉴于中国与西方在经济社会发展上的强烈反差,为了摆脱日益深重的民族危机,仁人志士从鸦片战争开始,倡导学习西方,从船坚炮利到社会制度,再到思想文化。经过艰难艰苦的探索,他们最终意识到中国的落后主要是在文化上的落后。于是,社会各界就中华传统文化的价值和出路问题展开了广泛的讨论,提出各种主张。其中,整体性的反传统和向西方学习乃至全盘西化论一直是影响甚巨的思想潮流。五四时期"打倒孔家店"是这种反传统文化的典型标志。[1]

尽管反思传统,建立新文化有其历史合理性,但是这种整体上对传统文化全部否定,也产生了矫枉过正的弊端。这种弊端在十年"文革"时期再次被推向极端,不论是实物层面还是价值层面,传统文化遭受了毫不留情的摧毁。"横扫盘踞在思想文化阵地上的大量牛鬼蛇神",把所谓资产阶级的"专家""学者""权威""祖师爷"打得落花流水,使他们威风扫地。"要彻底破除几千年来一切剥削阶级所造成的毒害人民的旧思想、旧文化、旧风俗、旧习惯。"[2] 传统文化被视为"剥削阶级"的文化和"封建遗毒"被彻底否定,正常的宗教信仰被看作"封建迷信"被彻底破坏。作为传统文化载体的文物古迹大量遭到破坏,古籍文献、书画被焚烧或化为纸浆。仁义礼智信等传统价值观、道德观被嘲讽和唾弃。这种反传统主义的行为非常激烈,以致"我们完全有理由

---

[1] 有学者对"打倒孔家店"这一口号提出质疑,并以"打孔家店"代之。(详参杨华丽《"打倒孔家店"研究·绪论》,人民出版社2014年版,第1—20页;张悦等《新文化运动与传统文化·是"打孔家店"还是"打倒孔家店"》,安徽大学出版社2016年版,第1—5页)

[2] 《人民日报》社论:《横扫一切牛鬼蛇神》,《人民日报》1966年6月1日第1版。

把它说成是全盘性的反传统主义。就我们所了解的世界史中社会和文化改革运动而言,这种反传统的、要求彻底摧毁过去一切的思想,在很多方面都是空前的历史现象"①。对此,著名学者许嘉璐曾指出:"中国文化从总体上受到了严重的摧残。这段历史是大家所熟悉的,也是我们不愿意再去回忆和详述的。我只要指出这样一点就够了:传统文化被冠以'封建迷信'的恶名,这和欧洲中心论者斥中国文化为蒙昧、野蛮、原始,其实是异曲同工。"② 于是,我们不但失去了文化自觉、文化自信,甚至也失去了文化的自尊。这里分析近代以来在文化上存在的问题,丝毫不否认前人的功绩。只是在借鉴前人成果的基础上,找准问题,走好今后的路。

与此相应,以民主、科学、自由、人权等为主要内容的西方文化观念及思想在中国大行其道。学习西方,有其巨大的合理性,对推动中国社会从传统到现代的转型具有巨大的历史价值和意义。但是,建立在整体性反传统基础之上的学习西方,乃至全盘西化论,也有其巨大的不足。这就是,与整体性反传统和学习西方相伴随的,形成了人们乃至我们民族自近代以来的文化自卑心理。这种自卑心理随着改革开放的深入,丝毫没有减轻,反而成为阻碍中华民族复兴的惰性力量。

我国在近代以前不存在文化自卑问题,只是在近代面临民族存亡危机时才出现所谓真正的文化危机,其重要表现是丧失民族自信心、文化自卑和对传统文化的自暴自弃。③ 在明中叶以前,中国是世界上经济发达,文化亦发达的国家。春秋战国时的诸子百家,两汉经学,魏晋玄学、隋唐佛学、宋明理学等,都成为世界文化史的辉煌篇章,并对世界,尤其是东亚、东南亚产生了重要而深远的影响。

正是十八大以来,随着党和国家工作重心的转移,基于文化认同,

---

① [美]林毓生:《中国意识的危机——"五四"时期激烈的反传统主义》,穆善培译,贵州人民出版社1986年版,第6页。
② 许嘉璐:《卸下镣铐跳舞——中国哲学需要一场革命》,《文史哲》2009年第5期。
③ 陈先达:《文化自信是实现中华民族伟大复兴的精神基石》,《求是》2017年第9期。

克服文化自卑，重建文化自信，已成大势所趋。今天我们强调文化自信，正是为了彻底清除自近代以来产生的民族自卑和文化自卑，从文化不自信中走出来。这首先就是要文化认同，文化自信基于文化认同而又超越文化认同。实现文化认同的过程，同时也是文化自信的重建过程。当下，不论是中国社会还是中国学术，正处于从"文化自卑"走向"文化自信"，从反对传统走向礼敬传统，从崇奉西方价值到重建中华价值的重要节点上。这是中国文化发展内在逻辑，对历史学本土化转向的要求。

（三）历史学内在发展逻辑的必然

改革开放以来，我国的哲学社会科学全面融入世界学术，并建立起完备的学科体系和人才培养体系。不得不承认，在融入世界学术方面，我国的哲学社会科学取得了巨大成就。但这也同时带来不容忽视的副作用，而且这种副作用越来越成为制约中国哲学社会科学发展的重要因素。这就是，对中国历史和现实做出解释的理论框架几乎都是来自西方社会科学的各种学说，我们的学术研究已经无法脱离西方学术范式、话语系统和价值体系的制约。因此，不论是学术界还是理论界，并不能对中国的历史和现实做出恰如其分的令人满意的合理解释。

就拿中国改革开放史来说，四十余年间，中国基本完成了从延续了五千多年的农耕社会向工业社会的深刻转型，用一代人的时间走过了西方两三百年所走过的路程，成为世界第二大经济体，实现了从富起来到强起来的伟大飞跃。同时这种转型和飞跃走的是一条迥异于西方的现代化道路，不但改变了中国贫穷落后的面貌，而且改变着世界格局。这条独特的中国现代化道路，给人类社会向工业社会转型提供了哪些西方没有的东西？颠覆了哪些基于西方经验的结论？这条中国道路的奥秘在哪里？准确地回答和诠释这些问题，被许多学者称为"时代之问"。显然，中国知识界并没有很好地回答这一"时代之问"。因此它被称为中国知识界"进入一个悲歌时代"，而根本原因就在于，"知识创造者本身对知识失去了认同,知识创造者失去了自身的主体地位,而心甘情愿地成为了其他事物的附庸。"①

就拿话语系统而言,它是一种复杂的思想观念的表达系统,不仅涉及语言的叙述方式,实质上还承载着一定的思想取向、价值取向和民族观念,是文化软实力的体现。西方话语之所以无法表达中国、阐释中国,就在于西方话语以自由主义的生活方式为其基本内容。②而中国有着和西方完全不同的历史、传统、文化、社会生活,用西方的价值观念来否定中国的传统不仅不能使我们对中国历史有更好的认识,反而阻碍着我们对自身的认识。更甚者,"借用他人的概念和理论来解释自己,结果不仅没能解释好自己,反而曲解了自己,更不用说希望借此让外在世界来了解自己了"③。如果不能改变这一态势,一味邯郸学步鹦鹉学舌,在世界学术格局中,我们只能永远是别人的身影。因此,当下的历史研究,需要对中国本土历史,进行概念化和理论化,从而丰富、补充乃至修订基于西方历史经验的理论预设,构建起一套准确反映中国经验的价值系统、话语系统和知识系统。这是新时代历史研究向本土转向的历史学自身发展的内在逻辑。

二 新时代历史研究转向的标志及表现

党的十八大以来,以习近平同志为核心的党中央,高度重视中华传统文化的传承和发展,不断深化对中华优秀传统文化和新时代中国特色社会主义文化建设的认识,提出一系列重大观点、重大论断、重大部署。习近平总书记关于中华传统文化、哲学社会科学等系列讲话,相关国家政策的出台,国家历史研究机构的成立,相关重大项目的落实,以及史学界诸多相关具体成果等,都昭示着历史研究向本土化转向。

---

① 郑永年:《中国知识的重建》,东方出版社2018年版,第23页。
② 参王学典《把中国"中国化"——人文社会科学的转型之路》,《中华读书报》2016年9月21日第5—6版。
③ 郑永年:《中国知识的重建·出版说明》,东方出版社2018年版,第1页。

| 第四章 | 中华文化与新时代历史研究

（一）习近平总书记关于中华优秀传统文化、历史、历史科学的系列重要论述，是基于文化认同，促进新时代历史学转向的重要标志

其一，习近平总书记相关考察与讲话的重要象征意义。2013年11月，习近平总书记视察曲阜孔子研究院，在儒家文化的发祥地发出弘扬传统文化的号召。[①] 2014年9月，习近平主席出席纪念孔子诞辰2565周年国际学术研讨会开幕式，对儒学的历史意义与当代价值予以肯定。[②] 习近平总书记在曲阜的考察活动，特别是在国际儒联的讲话，代表执政党和国家表明对中华传统文化的明朗态度。这本身带有巨大的象征意义，而且象征意义远大于它的实际意义。

其二，如果说习近平总书记视察曲阜和在国际儒联的讲话重在其象征意义的话，那么其关于传统文化的系列重要讲话，则直抒胸臆，直接阐明中华文化的重要作用、历史地位，及其文化自信对推动和建设中国特色社会主义的重要作用。习近平总书记关于中华文化的系列讲话及指示精神，已被学界系统收录在相关著作，或在相关大作中系统阐述，例如《习近平关于社会主义文化建设论述摘编》《建设新时代社会主义文化强国》《习近平新时代治国理政的历史观》《习近平论历史科学》等。[③] 这方面的主要内容有以下几点。

第一，对中华文化重要作用、地位的肯定。强调中华优秀传统文化是中华民族的精神命脉，[④] 是中华民族的根和魂，[⑤] 是最深厚的文化软

[①] 参徐向红《孔子与儒家文化的研究与传播——学习习近平总书记在山东曲阜孔子研究院视察时的讲话精神》，《戏剧丛刊》2014年第1期。

[②] 习近平：《在纪念孔子诞辰2565周年国际学术研讨会暨国际儒学联合会第五届会员大会开幕会上的讲话》，《人民日报》2014年9月25日第2版。

[③] 习近平总书记关于中华文化的系列讲话及指示精神，已被学界系统收录在相关著作，或在相关大作中系统阐述，例如，中共中央文献研究室编：《习近平关于社会主义文化建设论述摘编》，中央文献出版社2017年版；张江主编：《建设新时代社会主义文化强国》，中国社会科学出版社2019年版；卜宪群主编：《习近平新时代治国理政的历史观》，中国社会科学出版社2019年版；中国历史研究院本书编写组编：《习近平论历史科学》内部交流本，2020年。

[④] 习近平：《在文艺工作座谈会上的讲话》，《人民日报》2015年10月15日第4版。

[⑤] 习近平：《在庆祝澳门回归祖国15周年大会暨澳门特别行政区第四届政府就职典礼上的讲话》，《人民日报》2014年12月21日第2版。

实力，也是中国特色社会主义植根的文化沃土。①

第二，文化自信是最根本的自信。强调文化自信，是更基础、更广泛、更深厚的自信，是更基本、更深沉、更持久的力量，事关国运兴衰。②

第三，强调推动中华优秀传统文化创造性转化、创新性发展。③

第四，强调加强交流互鉴。④

第五，诸多具体观点。习近平总书记还提炼出中华优秀文化中的诸多具体的思想和概念，例如讲仁爱、重民本、守诚信、崇正义、尚和合、求大同等，⑤ 以及根据当前世界局势，提出和平、发展、公平、正义、民主、自由的全人类共同价值。⑥

其三，习近平总书记关于历史和历史科学的系列重要论述，直接促进了历史研究的本土化转向。党的十八大以来，习近平总书记围绕重视历史、研究历史、借鉴历史、把握历史等作出一系列重要论述，贯通学史、治史、用史的方方面面，涵盖党史、国史、中华民族史、世界史各个领域，体现着当代中国共产党人对历史和历史科学的深刻把握，成为新时代中国史学研究的重要指针和基本遵循。⑦

2016年5月17日，习近平总书记在哲学社会科学工作座谈会上的

---

① 习近平：《牢记历史经验历史教训历史警示 为国家治理能力现代化提供有益借鉴》，《人民日报》2014年10月14日第1版。

② 习近平：《在中国文联十大、中国作协九大开幕式上的讲话》，《人民日报》2016年12月1日第1版；习近平：《在哲学社会科学工作座谈会上的讲话》，《人民日报》2016年5月19日第2版。

③ 习近平：《建设社会主义文化强国 着力提高国家文化软实力》，《人民日报》2014年1月1日第1版；《决胜全面建成小康社会 夺取新时代中国特色社会主义伟大胜利——在中国共产党第十九次全国代表大会上的报告》，第41页；等等。

④ 习近平：《在联合国教科文组织总部的演讲》，《人民日报》2014年3月28日第3版。

⑤ 习近平：《把培育和弘扬社会主义核心价值观作为凝魂聚气强基固本的基础工程》，《人民日报》2014年2月26日第1版。

⑥ 习近平：《在庆祝中国共产党成立100周年大会上的讲话（2021年7月1日）》，人民出版社2021年版，第16页。

⑦ 这方面的重要论述主要收录在《习近平论历史科学》（内部交流本），正式版本在出版过程中。

重要讲话提出了加快构建中国特色哲学社会科学的要求。这直接推动了历史学学科体系、学术体系和话语体系的构建问题。自此，加快构建中国特色历史学三大体系，成为新时代中国史学的中心任务。

针对历史学的相关贺信或回信，更是对历史研究本土化在具体观点上给予了指导。这方面的主要内容有：第一，加快构建中国特色历史学学科体系、学术体系、话语体系，彰显中国特色、中国风格、中国气派；第二，弘扬中华优秀传统文化，展示中华文明风采；第三，发挥历史文化资政育人的重要作用。[①]

值得注意的是，上述几个方面的一个重要前提就是对中华优秀传统的文化认同。不论是三个体系的构建，还是中国特色、中国风格、中国气派的彰显，也不论是文化自信的坚持还是优秀传统文化的创造性转化、创新性发展，文化认同都是最为基础的绕不过去的关键所在。

习近平总书记对中国优秀传统文化重要作用的强调，以及推动中国优秀传统文化创造性转化、创新性发展的强度，在新中国历史上所仅见。他关于中华优秀传统文化的系列重要论述，道学界所不能道，为学界所不能为，为新时代文化认同、文化自信，创造了良好的政治环境，直接促进了新时代文化复兴思潮的兴起。这就为历史研究向本土化转向，提供了文化层面的支撑。

（二）相关国家政策的出台与落实

与习近平总书记讲话相呼应，我们国家的文化政策发生了深度调整。这首先就是社会主义核心价值观的提出，及在全社会的弘扬。党的十八大报告明确提出的社会主义核心价值观，既有现实关切，也有深厚的历史积淀；既吸纳了人类文明优秀成果，也承接了中华优秀文化

[①] 《习近平致第二十二届国际历史科学大会的贺信》，《人民日报》2015年8月24日第1版；《习近平致中国社会科学院中国历史研究院成立的贺信》，《人民日报》2019年1月4日第1版；《习近平致甲骨文发现和研究120周年的贺信》，《人民日报》2019年11月3日第1版；《习近平给〈文史哲〉编辑部全体编辑人员回信》，《人民日报》2021年5月11日第1版；《习近平致仰韶文化发现和中国现代考古学诞生100周年的贺信》，《人民日报》2021年10月18日第1版。

传统。

2017年1月25日，中共中央办公厅和国务院办公厅联合发布《关于实施中华优秀传统文化传承发展工程的意见》。① 这意味着中华文化复兴被纳入党和政府主导推动的新时期。2022年4月11日，中共中央办公厅、国务院办公厅印发了《关于推进新时代古籍工作的意见》。明确指出，把中华优秀传统文化的精神标识和具有当代价值、世界意义的文化精髓提炼出来、展示出来。将古籍工作融入国家发展大局，系统整理蕴含中华优秀传统文化核心思想理念、中华传统美德、中华人文精神的古籍文献，为治国理政提供有益借鉴，引导各族群众树立正确的中华民族历史观。② 2022年8月，中共中央办公厅、国务院办公厅印发了《"十四五"文化发展规划》。明确指出，要"坚持固本培元、守正创新"，发展社会主义先进文化，继承革命文化，传承和弘扬中华优秀传统文化。同时提出，建设中国特色、中国风格、中国气派的哲学社会科学，加快构建中国特色哲学社会科学，推进学科体系、学术体系、话语体系建设和创新。推出扎根中国大地、聚焦伟大实践、反映时代特征的原创性、标志性科研成果，推动重大学术成果国际化传播。③

另外，2019年1月3日，中国社会科学院中国历史研究院宣告成立，习近平总书记特致贺信，强调"新时代坚持和发展中国特色社会主义，更加需要系统研究中国历史和文化"④。值得注意的是，中国社会科学院历史理论研究所与中国历史院同时成立，目的就是加强历史理论的研究。

再者，2021年5月24日，《国际儒学》在北京创刊。本书之所以把它作为一项国家重要举措，原因有三：第一，《国际儒学》由前国家

---

① 《关于实施中华优秀传统文化传承发展工程的意见》，《人民日报》2017年1月26日第6版。
② 《关于推进新时代古籍工作的意见》，《人民日报》2022年4月12日第1版。
③ 《中办国办印发〈"十四五"文化发展规划〉》，《人民日报》2022年8月17日第1版。
④ 《习近平致中国社会科学院中国历史研究院成立的贺信》，《人民日报》2019年1月4日第1版。

领导人刘延东担任会长的国际儒学联合会主办，同时她出席创刊会议并讲话，这说明《国际儒学》是国家行为。第二，创刊发布会在北京孔庙和国子监博物馆举行，具有文化象征意义。第三，具有重要落实和实践意义。《国际儒学》是国际儒联成立27年来首次创办的正式会刊，目的就是落实习近平总书记关于弘扬中华优秀传统文化系列重要论述，以及在纪念孔子诞辰2565周年国际学术研讨会暨国际儒联第五届会员大会开幕式重要讲话精神。①《国际儒学》为何不在国际儒联成立时创刊，而在27年之后创刊呢？这背后当然有其重要的时代缘由。当前文化软实力已成为展现国家形象、加强国际合作、构建人类命运共同体的重要基础。因此，《国际儒学》在这样一个时代背景下创刊，寓意深刻。

可以说，从国家领导人到国家文化政策的调整，新历史研究机构的成立，全方位构建并形成一股重视中国本土历史和优秀传统文化的强大力量。这为历史研究的本土化转向提供了必不可少的政治和社会条件，创造了良好的政策环境和社会环境。

（三）本土化转向在学术界的具体表现

近年来，中国学术本土化逐步在学术界展开，这在政治学界、法学界、经济界、历史学界、社会学界、管理学界、哲学界等诸多领域都有表现。② 可以说，本土化已成为国内学界最引人注目的方向性变动。就历史学本身而言，以下几个方面最具说服力。

其一，从文化认同到文化复兴在全国的兴起。十八大以来，全国高校成立多家传统文化研究机构、国学研究机构、儒学研究机构；同时，传统经典进教材的现象遍及全国，蔚成风气，各种与传统文化、儒学相关的会议更是频繁举办。其中一个典型实例就是，尼山世界文明论坛在

---

① 《传承弘扬中华传统文化促进世界文明交流互鉴——〈国际儒学〉创刊发布会在京举行》，《国际儒学》2021年第2期。
② 参郭震旦《音调难定的本土化——近年来若干相关问题述评》，《清华大学学报》（哲学社会科学版）2019年第1期。

山东风生水起,成为全国推动文化认同、文化复兴、不同文明之间展开对话的标志活动。尼山论坛以孔子诞生地——尼山命名,以开展世界不同文明对话为主题,以弘扬中华优秀文化、促进中外文化交流、推动建设人类命运共同体为宗旨。首届尼山世界文明论坛于2010年9月举办,至今已举办八届。

其二,在具体史学理论问题上的认识与推动。十八大以来,回归中国本土,构建中国话语,越来越受到史学界的重视。王学典《把中国"中国化"》是这方面代表作,其中收录了其阐述历史研究本土化转型的代表性文章,如《中国向何处去:人文社会科学的近期走向》《把中国"中国化"——人文社会科学的转型之路》等。[①] 另外,其他学者的成果也颇具代表性。例如,于沛指出:文化的传承性与历史的传承性一样,不可割裂。史学从来就被称为"文化中的文化",其学术发展史,自然也无法割裂。于先生由此强调,中国传统史学是中华光辉灿烂文化宝库中的璀璨明珠,对构建中国马克思主义史学理论新形态具有重要的借鉴意义。[②] 瞿林东列举自春秋至清代等系列史学遗产,例如章学诚著《文史通义》提出"史法"与"史义"的不同含义、"心术"与"史德"的重要性、"知人论世"的学术批评方法论、史书体裁之辩证的发展等,以佐证当代中国史学实现创造性转化、创新性发展,具有丰富的历史资源。同时,瞿先生强调:在学科体系的构建中,继承性与民族性是密切联系的,脱离了继承性,也就失去了民族性,更谈不上具有中国底蕴、中国特色、中国风格的历史学话语体系。[③] 乔治忠提出:"当前的史学理论研究,应当打破现代西方史学概念工具的套路,建设具有中国话语指征的史学理论体系,这是历史学界当前的要务。"同时,乔先生指出:中国史学在长足的发展中,形成了丰富的概念组合,例如史家

---

① 王学典:《把中国"中国化"——人文社会科学的转型之路》,上海人民出版社2017年版。
② 于沛:《〈史学理论研究〉三十年:构建马克思主义史学理论新形态的三十年》,《史学理论研究》2017年第2期。
③ 瞿林东:《理论研究与学科体系》,《史学理论研究》2017年第2期。

必备资质的史才、史学、史识、史德等概念；说明史学社会功能的鉴戒、资治、经世等概念；彰显治史准则的直书、实录、实事求是等概念；归纳史书编纂方式和内容范围的体例、书法、通史等概念；揭示史学内在结构和层次的"事""义""文"等概念。这些概念经过整合与新的阐释，大多能融会到当代史学理论之中，并发挥积极作用。①

其三，相关重大系列科研项目的推进。除了学者的个人研究，刚刚成立的中国历史研究院相关重大项目的推行，也昭示出历史研究向本土的回归。中国历史研究院成立以后，连续实施国家社会科学基金中国历史研究院重大历史问题研究专项，已设立9个专题，立项139个，研究项目覆盖中华文明起源、中华优秀传统文化、国家治理体系等重大历史理论和前沿问题。2020年6月，由中国历史研究院组织实施的《（新编）中国通史》纂修工程正式启动，并被列入国家"十四五"规划重大学术工程。② 值得注意的是，这些项目致力于挖掘中国自身的历史传统和文化传统，同时围绕历史学三个体系，努力彰显中国风格、中国特色、中国气派。我们姑且不论上述重大项目最终成果如何，起码它们的宗旨值得肯定。

上述一系列事实都昭示出一个问题，那就是我们的文化气候和学术气候正在发生深刻变迁，正在发生方向性转折。从"文化自卑"走向"文化认同""文化自信"是这一变迁和转折的内涵。与此相应，历史研究正在发生结构性变动，正朝着更加本土化的方向发展，并在具体成果上已有显现。

三 基于文化认同，历史研究本土化转向的意义与展望

随着前述党和国家第四次工作重心的转移，新时代历史学也就具有了崇高的神圣使命。这就是基于文化认同，以高度的文化自觉，彰显中

---

① 乔治忠：《试论史学理论学术体系的建设》，《中国史研究》2017年第2期。
② 李国强：《奋进新时代中国史学繁荣发展新征程》，《中国社会科学报》2022年5月18日第2版。

国主体，彰显中华文化根脉；同时，继承中国史学经世致用的优良传统，关注当今社会价值缺失等重大现实问题，并在构建人类命运共同体中为世界提供一种新的文化选择。

（一）彰显中国主体

自近代以来西方文化独占世界鳌头，我国也深受西方文化的影响，甚至西方中心论盛行。当今世界，不论在西方国家还是在中国社会，西方文化所表现出的弊端越来越明显。历史和现实证明，西方理论既不能从根本上解释中国的历史问题，也不能根本解决中国的命运和发展问题。因此，在历史研究向本土化转向的过程中，我们需要把中国经验升华为一般的理论和思想原则，从而替换、修改、修订那些不适合中国，但又被视为"准则"的西方概念、理论和思想。

第一，新时代历史学本土化转向的首要特征是彰显"中国主体性"。主体性为"自塑"而非"他塑"，旨在解决"我是谁"的问题。向本土化转向的新时代历史研究必须彰显"中国主体"，否则也就不能称之为"本土化"转向。例如，就拿前述改革开放史而言，中国道路在理论上还没有得到充分的概括与总结，在世界上也没有得到应有的肯定。再拿先秦史而言，中国到底有没有奴隶社会问题已经争论了近百年，不但没有定论，而且反对意见不少。[①] 这到底是我们历史学家的智慧不够，还是"奴隶社会"这一概念本身有问题呢？因此，对中国历史本身诸如中国道路、中国智慧等重大理论问题，有待基于中国本土重新认识。

第二，彰显中国主体性的要素。在世界学术共同体联系日益紧密的今天，我们要确立确实能够与世界沟通的中国历史学。这就要求我们既要学习借鉴世界尤其是西方的优秀成果，又要抛弃那些不适用于中国的概念、理论和思想。同时，根据新形势，用社会科学的方法对本土历史概念化和理论化，提炼出能够解释中国问题的新概念、新理论、新思

---

① 参见林甘泉等《中国古代史分期讨论五十年》，上海人民出版社1982年版；罗新慧《20世纪中国古史分期问题论辩》，百花洲文艺出版社2004年版。

想，构建起能够阐明中国历史的话语体系、价值体系、知识体系。这些内容需要具备以下要素。其一，必须能够说明和解释自己。如果在话语、价值和知识上不能说明和解释自己，那么如何能够让"他者"了解自己？其二，能够让"他者"信服、信任。如果"他者"对这种话语、价值和知识不信服，不信任，便没有软力量。其三，"他者"能够自愿接受这种话语、价值和知识，"自愿性"是软力量的本质。[①] 只有这样，才能够拥有国际话语权，才能确确实实建立起基于中国本土的话语体系、知识体系和价值体系。

第三，强调历史研究本土化，绝非自说自话，也并非盲目排外。本土化不是为了把自己的视野局限在本土文化或中国本土历史的界限之内，而是为了在认清自己的前提下，寻求中国道路的内在路径，以及与世界不同文化类型国家和平共处之道。因此，强调中国自身的主体性和中华文化的主体精神，绝不是复古主义，更不是华夏中心论，也并非对西方理论成果存有偏见，绝非意味着简单抵抗西方。非但不能如此，而且要继续向西方等国家学习，加强与世界学术的交流对话。自说自话，自我局限，同样也没有出路，同样也建构不起与世界交流对话，和充分展现中国的话语体系、价值体系、知识体系。在全球化一体化过程中，不同民族、不同文化、不同文明并存。这既需要尊重本土历史和文化，也需要尊重不同地区或国家的思想文化观念，在交流互鉴中探究和平共存、协同发展的路径，促进世界和平，促进天下太平。

（二）彰显中国历史的文化根脉

众所周知，中华文明是世界文明史中从未中断的文明。那么，与西方国家相比，中华文明史的奥秘又在哪里呢？这其中一个关键的因素就是"文化"。因此，基于中国本土的历史研究，必须回答这个奥秘所在。中华文化是自古至今由无数先人用心血和生命写成，因此才有了打断骨头连着筋的"根脉"传承。其中一个典型写照，就是文天祥。他

[①] 郑永年：《亚洲新秩序》，广东人民出版社2018年版，第194—195页。

中华文化与历史理论散论

就义时留有感人肺腑的遗言："孔曰成仁，孟曰取义，惟其义尽，所以仁至。读圣贤书，所学何事，而今而后，庶几无愧。"[1] 因此，中华文化虽历经数千年朝代更迭，但其核心价值系统并没有发生根本性动摇。这既保证了中国文明生命绵长，也保证了中华民族不断凝聚。统一而非分裂，成为中华民族强大的历史文化传统。如果非要找出一个关键词，概括中华文化的根脉在哪里，是什么。那么这个关键词可谓是"道统"。尽管"道统"难以涵盖中华文化根脉的所有内容，但无疑表现最为突出。中华道统博大精深，用今天的话语说，可以体现为宇宙观、价值观、道德观、世界观、历史观、国家观、家庭观和人生观。我们追寻和阐述中华文化的根脉，从道统入手，提纲挈领，最直接也最深入彻底。

道统是中国优秀传统文化的重要组成部分，是维系"道"存在和延续的载体。道统可分为广义道统和狭义道统。广义道统指中华文化的传承统绪。也就是以儒家为主体，道释为两翼，不断汲取法、阴阳、名、墨等各家各派的思想，用以丰富自身，并结合具体时空条件加以改造，发展创新，形成了一脉相承的中华文化大传统。狭义道统专指儒家文化的传承统绪，主要指尧、舜、禹、汤、文、武、周公、孔、孟等圣贤所传承的思想，也就是所谓后来的儒家思想传统。此后，经唐代韩愈、北宋二程、南宋朱熹、明代王阳明等历代圣贤全面系统阐述和发扬光大，形成了儒家文化道统核心。道统的一个基本特征就是以道的传承和发展来体现和维系中国文化的延续，构成中华民族的文化根脉、历史根基。

道统不仅促进了中国文化的发展，而且丰富了中国文化的内涵，在经学、史学、文学、政治、伦理、艺术、宗教等各领域展现出以"道"为核心的丰富内容。"道统"的内涵包括天人合一、中道圆融、孝悌忠信、礼义廉耻、仁爱和平、格致正诚、修齐治平、济世慈悲、知行合

---

[1] 《宋史·文天祥传》，中华书局1977年版，第12540页。

一、厚德载物、自强不息、协和万邦、天下为公、民为邦本、兼爱非攻等具有普遍意义的概念和思想。中华"道统"的具体内容，丰富多样，当然也会随着时代的发展进一步丰富，但其根本精神却相对稳定，这就是心系民间疾苦，指向国泰民安，天下太平。

中华文化道统的历史作用非常强大，强大到即便是历代统治者，都对其非常重视，不敢小觑。最为明显的就是，历代统治者通过对"道统"的认同，来巩固统治。即使曾对"道统"比较陌生的少数民族统治者，入主中原后也很快明白"道统"事关统治的合法性与稳固性。近年来，作为执政党的领袖，习近平总书记明确提出"坚持把马克思主义基本原理同中国具体实际相结合、同中华优秀传统文化相结合"的重要命题。[1] 这就将意识形态与中华优秀传统文化，和中华道统有效贯通起来，意义深远。

挖掘、继承和发展以道统为主要内容的中华文化根脉，重建中华民族的精神家园，促进中华民族的伟大复兴，是重建文化认同和文化自信最为根本的价值和意义，也是新时代历史研究转向本土的使命所在。

（三）彰显现实关怀

众所周知，改革开放以来，随着我国经济的腾飞，随着面临百年未有之大变局，我们国家在实现中华民族伟大复兴的征程上，面临许多重大问题。例如社会道德价值体系的瓦解与重建问题、支撑中国进一步发展的知识重建的问题，国际话语权问题等。[2] 但由于种种原因，当前越来越多的史学工作者专注于自身领域的探讨，对现实重大问题缺乏关注，严重脱离当下社会实践。由此导致史学界对社会重大问题的呼应薄弱，历史研究应有的社会价值受到质疑。这种状况不但与国家的发展大

---

[1] 习近平：《在庆祝中国共产党成立100周年大会上的讲话（2021年7月1日）》，第13页；《中共中央关于党的百年奋斗重大成就和历史经验的决议》，人民出版社2021年版，第67页。

[2] 对这些问题，学界已有大作进行了较为系统深入的分析，例如郑永年《保卫社会》（浙江人民出版社2011年版）、《通往大国之路：中国知识的重建和文明复兴》（东方出版社2012年版）、《中国的文明复兴》（东方出版社2018年版）等。

势不相适应，而且与历史研究的本土化转向不相适应。新时代历史学在本土化转向及转型完成之后，应具备以下特征。

第一，继承经世致用的优良传统，关注重大现实问题。中国史学素有经世致用的传统，注重发挥史学的明道和资治功能。明道功能典型表现在自孔子著《春秋》之后形成的史学传统。《左传》云："《春秋》之称，微而显，志而晦，婉而成章，尽而不污，惩恶而劝善。"① 孟子则曰："孔子成《春秋》，而乱臣贼子惧。"② 司马迁曰："夫《春秋》，上明三王之道，下辨人事之纪，别嫌疑，明是非，定犹豫，善善恶恶，贤贤贱不肖，存亡国，继绝世，补敝起废，王道之大者也。"③ 之后，刘勰、刘知幾、孔颖达、柳宗元、戴名世、章学诚等历代史家或文学家等多有阐述和发挥，并形成了中国古代史书撰述的重要宗旨。资治功能典型表现在司马光编纂的《资治通鉴》。《资治通鉴》"关国家盛衰，系生民休戚"④，全面总结了前代的统治经验，以"有资于治道"。王夫之说："所贵乎史者，述往以为来者师也。为史者记载徒繁，而经世之大略不著，后人欲得其得失之枢机以效法之无由也，则恶用史为？"⑤ 可以说，古代的经世致用传统为新时代历史研究的转向提供了历史和思想的土壤。

中华优秀传统文化最根本、最突出的特色，就是其人文精神，"观乎人文以化成天下"⑥ 是典型写照。因此，我们强调文化认同，绝非仅仅为文化认同而文化认同，历史研究绝非仅仅为转向而转向，而是要必须回应现实，必须具备回答现实所提出相关问题的能力，为现实中的重大问题提供借鉴、启示或思路。这都是"化成天下"的体现，都是解决问题的思路和方法，绝非目的本身。如果将思路和方式方法理解或确

---

① 《春秋左传正义·成公十四年》，阮元校刻：《十三经注疏》，第1913页。
② 《孟子注疏·滕文公章句下》，阮元校刻：《十三经注疏》，第2714、2715页。
③ 《史记·太史公自序》，第3297—3298页。
④ （宋）司马光编著：《资治通鉴·进书表》，第9607—9608页。
⑤ （清）王夫之：《读通鉴论》，中华书局2013年版，第142页。
⑥ 《周易正义·贲卦》，阮元校刻：《十三经注疏》，第37页。

定为目的本身,也就适得其反,走向了问题的反面。具体而言,就是以中国本土历史为背景,以解决中国重大现实问题为鹄的。

第二,彰显价值关怀,弘扬正确的道德价值观。自改革开放以来,社会经济取得了突飞猛进的发展,人民生活水平显著提高,综合国力迅速提升。我们在创造了巨大物质财富的同时,却遭遇了一个比较尴尬的困境,那就是精神文明的发展严重滞后于物质文明的发展,文化认同、价值认同、道德认同危机已经在各方面显现。这些现象,在郑永年《保卫社会》等大作中有着详细的阐述与分析。许嘉璐先生也曾指出:过往"对传统文化,我们扫荡得太干净了",结果导致"很多人丧失了自我——没有生活目标,没有永恒的动力。"①

文化中蕴含着最能深入人心的东西,蕴含着最能让人自觉自律的东西。用孔子的话说就是:"道之以政,齐之以刑,民免而无耻。道之以德,齐之以礼,有耻且格。"② 同时,文化的影响虽然细雨无声,潜移默化,却能够颠覆和重构一个国家和民族的思维方式与行为模式。近些年来,习近平总书记一而再,再而三地强调将中华文化创造性转化、创新性发展,以发挥历史资政育人的重要作用,显示出他对中国历史的认识,对当今社会的观察别有洞见。2019年3月4日,他在全国政协相关会议上强调,文化艺术界和社会科学界要"为时代明德",要"坚持用明德引领风尚"。③ 可谓抓住了古今中外历史的一个轴心问题,抓住了当今社会的一个重大核心问题。因此,借助历史,重构历史研究的价值道德观念,倡导正确的历史观、价值观,有利于社会风气的纯净。这是新时代历史研究转向所面临的一个重要问题,也是所担负的重要使命。

第三,为世界的未来提供一种新的文化选择。自工业革命以来,西

---

① 许嘉璐:《为了中华为了世界:许嘉璐论文化》(上),中国社会科学出版社2017年版,第329—330页。
② 《论语注疏·论政》,阮元校刻:《十三经注疏》,第2461页。
③ 习近平:《坚定文化自信把握时代脉搏聆听时代声音 坚持以精品奉献人民用明德引领风尚》,《人民日报》2019年3月5日第1版。

方文明以其强大的器物文化为先导,不可阻挡地摧毁着人类其他的文化与文明。似乎它就是人类终极的光明大道。但是,随着全球一体化的发展,特别是世界性经济危机的发生,暴露出西方道路的重大缺陷。尤其是随着 2019 年年底以来新冠疫情在全球蔓延,逆全球化、局部战争、经济衰退等重大问题成为笼罩人们心头的阴影。面对众多全球性棘手问题,孔汉思、杜维明等提出和倡导建构"全球伦理"来解决当今世界中的诸多重大问题,认为中国传统文化及其智慧将成为这种共同伦理的动力源泉。[1] 汉学家包弼德认为:"目前中国的发展,在借鉴世界先进技术与文化的同时,更应着眼于自己的历史和文化,增强文化自觉和文化自信,中国历史上许多思想家关于社会制度、政治、经济、文化以及如何改善人类福祉的看法,对于今天的中国和世界仍然具有借鉴意义。"[2]

中华文明本身是中外文明交流互鉴的结果,具有很大的张力、弹性和包容性。特别是在学习、消化和吸收外来文化上,能够中道圆融,和而不同。这就使中华民族自古以来就能够回应诸多外来文化的挑战,并将其化为自己的东西。古有佛教、伊斯兰教等文明,今有仍然在中国化过程中的马克思主义和西方文化。与世界其他文明相比,这是中华文化的独特优势吸收外来文化,不但丰富中华文化的内容,而且还能增加中国文明的活力。从这一点来说,中华文化优于世界其他文化形态,在未来世界的发展中可能成为促进不同文化融合的载体,这就为世界贡献新的文化形态提供了可能。例如,天人合一,道法自然,有利于人与自然和谐相处,有利于环境保护和生态平衡;中道圆融、仁爱和平、和而不同,有利于打破任何宗教、思想、理念的执着,打破二元对立的斗争思维,有利于维护社会和谐,促进世界和平共处,实现太平;礼义廉耻、孝悌忠信、自强不息、厚德载物、明德至善,有利于引人向善,减少社

---

[1] 参〔德〕孔汉思《世界伦理手册》,邓建华、廖恒译,生活·读书·新知三联书店 2012 年版;杜维明《否极泰来:新轴心时代的儒家资源》,北京大学出版社 2016 年版。

[2] 张梅:《以史为桥沟通哈佛与中国——访哈佛大学副教务长包弼德教授》,《华中科技大学学报》(社会科学版)2016 年第 4 期。

会的负面因素。任何一个单一的民族智慧都不能完全解决当下人类所面临的各种问题与突发危机，不同民族、不同文化、不同文明通过对话交流，把人类文明当中最具有永恒成分的价值观念融合在一起，提炼出具有普遍意义的能够建构世界新文明的思想框架、价值蓝图、行动纲领。在此，中华文明有着不可替代的重要作用，对世界未来的发展具有重要价值。这是在促进构建人类命运共同体中，新时代历史研究所要担负的使命。否则，很难有一流的话语权和文化软实力。

总之，面临世界百年未有之大变局和中国社会的转型，以及党的工作重心再次转移，历史研究本土化是中国社会和学术发展的必然要求。当然，历史研究向本土转向目前在整体上还只是初步，由转向到真正转型完成，需要相当长的一段时间，需要学界付出艰辛的努力。努力的方向就是基于文化认同，依托文化自信，重回中国历史本体，重新认识中国历史发展的内在理路，提炼出富有启发性和解释力的概念、理论和思想，从而创造能够揭示中国经验、中国道路、中国智慧，彰显中国特色、中国风格、中国气派的新时代历史学。

第二节　中华优秀传统文化对新时代历史研究的思想价值

——兼评历史虚无主义

历史虚无主义的一个重要表现，就是虚无和否定中国优秀传统文化。这种错误观点既否定了中国历史和文化的根基，又错指了其发展方向，更没有洞见优秀传统文化的重要价值和意义。中华优秀传统文化是我们民族的"根"和"魂"，不容否定。随着国家的高度重视和学术本土化大势的形成，在创造性转化、创新性发展中，中国优秀传统文化必将焕发新的生机。

中华文化与历史理论散论

一 否定中国优秀传统文化的主要错误表现

历史虚无主义对中国优秀传统文化的虚无和否定,主要表现为全盘西化论、全盘否定论,及价值虚无论。众所周知,虚无主义起源于西方,主要有两种形态,即存在论的虚无主义和价值论的虚无主义。前者指的是存在的无根基状态;后者指向最高价值的废除;前者否定的是存在的基础性,后者否定的是价值的绝对性。历史虚无主义是虚无主义在历史研究中的表现,它对中国优秀传统文化虚无,在思想逻辑与其在西方的渊源一脉相承。即借着欧洲中心论,主张全盘西化,彻底否定,这是事实的否定,也就是否定中国历史和文化根基;进而全面否定中国传统文化的价值和意义,也就是价值性的否定。

(一)全盘西化论

历史虚无主义虚无中国优秀传统文化的一个主要表现就是"全盘西化论"。这最早可追溯至20世纪二三十年代。① 这种错误观点全面否认中国传统文化,过分夸大西方文化的普适性,既没有解决当时救亡图存的中国道路问题,也没有能够解决中国文化的根本出路问题,因而受到各方的批评。1978年改革开放之后,全盘西化论又有所抬头,并在社会上形成了一股否定、虚无传统文化的思潮。尽管诸多知名学者对这种错误观点进行了批驳,② 但至今这种错误观点并没有彻底销声匿迹,而是随着网络等新媒体的不断更新而有所蔓延。③

应该承认,自1840年鸦片战争以来,随着中国屡被侵略及随之而来的一系列屈辱及救亡图存的抗争,中国开启了向西方学习的大门。时至今日,向西方学习依然有其必要性,但是"全盘西化论"无疑走向了极端。这不但在现实中行不通,而且危及了我们的文化认同、历史认

---

① 王继平:《论近代中国的文化虚无主义——中国近代文化思潮剖析之三》,《湘潭大学学报》(哲学社会科学版)1997年第4期。
② 张岱年等:《批判民族文化虚无主义 建设社会主义新文化——"如何正确对待中国传统文化"学术座谈会发言摘编》,《高等理论战线》1991年第1期。
③ 孙丽珍、李泽泉:《文化虚无主义的表现、本质及治理》,《红旗文稿》2018年第9期。

同和民族认同。对中国道路，西方及其文化都不能给予正确的答案，也不能指明未来发展的路向，只能回归中华民族自己的历史和文化根脉去寻求答案。对此，土耳其的发展道路问题也给予我们深刻警示。

具有伊斯兰文化传统的土耳其，从20世纪20年代起就全面推行西化，努力摆脱它作为伊斯兰国家、亚洲国家的背景，并努力加入欧盟的行列。但至今欧盟并没有真正接纳作为穆斯林的土耳其；而土耳其不论在传统与西化之间，还是在亚欧国际关系之间，都成为一个"无所适从"的国家。① 土耳其这一活生生的实例，我们应该有所借鉴。

(二) 全盘否定论

与"全盘西化论"相伴随的，就是对中国优秀传统文化的"全盘否定论"。这种观点以"西方中心论"来衡量、阐释中国历史及中国文化，认为传统文化对中国历史没有任何积极意义，必须一扫而后快。更有甚者，传统文化被冠以"封建迷信"的恶名。②

儒家的仁爱论、道家的济世观、佛学的慈悲观，与西方的博爱观在内涵上有着程度不同的相通之处，尽管它们的表现形式、使用范围有所不同。难道前三者是"封建落后"的东西就应该全然抛弃，而后者是"积极进步"的东西，应该全面肯定和弘扬？由此可见，"全盘否定论"的偏激和错误之处。

即使具体观点暂可不论，"全盘否定论"的最要命之处，在于错误宣扬了一种关于中国历史和文化"无根性"的错误观点。历史具有连续性，无法与过去彻底割断；传统与现代也有着千丝万缕的联系，也难以彻底决裂。就如同我们一个人既无法与自己的家族谱系割断，也难以与自己的过去决裂。正如马克思所言："人们自己创造自己的历史，但是他们并不是随心所欲地创造，并不是在他们自己选定的条件下创造，

---

① 楼宇烈：《中国的品格·路在何方》，四川人民出版社2015年版，第30—33页；[美]塞缪尔·亨廷顿：《文明的冲突和世界秩序的重建》（修订版），周琪等译，新华出版社2010年版，第124—129页。

② 参许嘉璐《卸下镣铐跳舞——中国哲学需要一场革命》，《文史哲》2009年第5期。

而是在直接碰到的、既定的、从过去承继下来的条件下创造。"①

无根之木、无源之水的命运可想而知。文化自信是最根本的自信，完全背离本土深厚的文化根基乃至割断自己悠久的历史，无益于我们民族和国家的长治久安。我们不但不能数典忘祖、妄自菲薄，而且更要高度重视，正确认识和继承、弘扬中国优秀传统文化，因为这是"我们最深厚的文化软实力"②，是我们创造现实与未来的根基。

（三）价值虚无论

与"全盘西化论"和"全盘否定论"相衍生的就是对中国传统文化价值的否定和虚无。这种情况所造成的结果就是，人们心灵、道德、价值及精神的危机，主要体现就是"物质享受至上、技术至上，浮躁、肤浅、浮夸，已经成了社会通病"③。这种情况不论在当今的世界，还是在当今的中国绝非危言耸听，因为我们就身处其中，有着切身感受。

与对中国传统文化的"价值虚无论"相比，恰恰西方的历史事实给予了有力的说明。西方在走向近现代的过程中，有两件大事至关重要，那就是文艺复兴和启蒙运动。文艺复兴就是要到西方文化的源头——古希腊、古罗马文化中去汲取营养和力量；而在启蒙运动的过程中，则大量汲取了以中国为代表的东方文化中的人文精神，尤其是儒家思想。西方的近现代文明就是汲取了这两方面的营养和力量创造的，但它并没有割断自己历史，也没有抛弃自己的文化传统。④ 这对我们建设富强、民主、文明、和谐、美丽的现代化国家和社会主义新文化提供了借鉴。

二 否定中国优秀传统文化的错误观点在诸多大势中走向终结

任何事物的产生都有其必不可少的条件，否则愿望归愿望，蓝图归

---

① 《马克思恩格斯选集》第1卷，人民出版社1972年版，第603页。

② 习近平：《牢记历史经验历史教训历史警示 为国家治理能力现代化提供有益借鉴》，《人民日报》2014年10月14日第1版。

③ 许嘉璐：《为了中华为了世界：许嘉璐论文化》，中国社会科学出版社2017年版，第329—330页。

④ 楼宇烈：《中国的品格·路在何方》，四川人民出版社2015年版，第34页；楼宇烈：《中国文化的根本精神》，中华书局2016年版，第288—289页。

蓝图。优秀传统文化的"虚无"命运走向终结也是如此。可以说，近些年来国家领导人、国家政策的支持，以及中国学术本土化大势的形成，为其提供了客观与主观的必要条件。

（一）国家的高度重视

近年来，习近平总书记关于中国传统文化和哲学社会科学的系列讲话，相关国家政策的出台，国家历史研究新机构的成立，为克服否定优秀传统文化的错误观点提供了必不可少的客观条件。习近平总书记这方面的主要活动及讲话包括以下几个方面。

其一，2013年11月，习近平总书记视察曲阜孔子研究院，在儒家文化的发祥地发出弘扬传统文化的号召。[1] 2014年9月，出席纪念孔子诞辰2565周年国际学术研讨会开幕式，对儒学的历史意义与当代价值予以肯定。[2]

其二，2016年5月，在哲学社会科学工作座谈会上提出构建中国特色哲学社会科学的蓝图，强调"要推动中华文明创造性转化、创新性发展"。并在党的十九大报告中，再次强调这一问题。[3]

其三，2019年3月4日，在全国政协相关会议上强调，文化艺术界和社会科学界要"为时代明德"，要"坚持用明德引领风尚"。[4] 习近平总书记倡导"为时代明德"，"坚持用明德引领风尚"，可谓抓住了我国当今社会的一个重大核心问题，抓住了古今中外历史的一个核心问题，抓住了世界各大文化及文明中的一个轴心问题。如果说强调中国传统文化的创造性转化、创新性发展，是对学术界、理论界的要求，那么

---

[1] 参徐向红《孔子与儒家文化的研究与传播——学习习近平总书记在山东曲阜孔子研究院视察时的讲话精神》，《戏剧丛刊》2014年第1期。

[2] 习近平：《在纪念孔子诞辰2565周年国际学术研讨会暨国际儒学联合会第五届会员大会开幕会上的讲话》，《人民日报》2014年9月25日第2版。

[3] 习近平：《在哲学社会科学工作座谈会上的讲话》，《人民日报》2016年5月19日第2版；习近平：《决胜全面建成小康社会 夺取新时代中国特色社会主义伟大胜利——在中国共产党第十九次全国代表大会上的报告》，人民出版社2017年版，第41页。

[4] 习近平：《坚定文化自信把握时代脉搏聆听时代声音 坚持以精品奉献人民用明德引领风尚》，《人民日报》2019年3月5日第1版。

强调"为时代明德""坚持用明德引领风尚"则是在社会层面的展开，将有助于中国优秀传统文化与社会生活的结合。

与习近平总书记重要讲话相呼应，我们国家的文化政策发生了深度调整，"文化自信"越来越受到重视，特别是中办国办印发《关于实施中华优秀传统文化传承发展工程的意见》[①]，以及其他遏制"西化"的政策措施。

另外，2019年1月3日，中国社会科学院中国历史研究院宣告成立，习近平总书记发来贺信，强调"新时代坚持和发展中国特色社会主义，更加需要系统研究中国历史和文化"[②]。这表明中国历史研究正在发生结构性变动，正朝着更加本土化的方向发展。可以说，从国家领导人，到国家文化政策的调整，和新的历史研究机构的成立，全方位构建并形成了一股重视中国本土历史和优秀传统文化的强大力量，这为克服否定优秀传统文化的虚无主义等错误观点提供了良好的政治和社会环境。

（二）中国学术本土化大势

近年来，中国学术本土化逐步在学术界展开，这在政治学界、法学界、经济界、历史学界、社会学界、管理学界、哲学界等诸多领域都有表现。[③] 可以说，本土化已成为国内学界最引人注目的方向性变动。就史学理论的发展而言，自2012年11月党的十八大以来，向"中国本土"回归速度加快。历史研究注重"中国本土"，和构建"中国话语"越来越受到史学界的重视。王学典《把中国"中国化"》是这方面的代表作。[④] 另外，其他学者对此也多有阐发。例如，于沛指出，文化的传承性与历

---

① 《关于实施中华优秀传统文化传承发展工程的意见》，《人民日报》2017年1月26日第6版。

② 《习近平致信祝贺中国社会科学院中国历史研究院成立强调　总结历史经验揭示历史规律把握历史趋势　加快构建中国特色历史学学科体系学术体系话语体系》，《人民日报》2019年1月4日第1版。

③ 参郭震旦《音调难定的本土化——近年来若干相关问题述评》，《清华大学学报》（哲学社会科学版）2019年第1期。

④ 王学典：《把中国"中国化"》，上海人民出版社2017年版。

史的传承性一样，不可割裂。① 瞿林东指出，在学科体系的构建中，继承性与民族性密切联系，脱离了继承性，也就失去了民族性，更谈不上具有中国底蕴、中国特色、中国风格的历史学话语体系。② 瞿先生进而以宋人史料笔记等具体研究成果来支撑自己的论断。③ 乔治忠提出："当前的史学理论研究，应当打破现代西方史学概念工具的套路，建设具有中国话语指征的史学理论体系，这是历史学界当前的要务。"④

由此可见，当前国内诸多学者不仅仅提出了"回归中国本土""构建中国话语"的概念和命题，而且在具体成果上已有所显现。回归"中国本土"，以"中国话语"叙述中华民族自己的历史，包括自己的文化史、思想史、社会史，都为克服虚无优秀传统文化的错误观点提供了学术土壤和主体推动者。

（三）众多世界性难题的化解需要中国文化提供智力和智慧

在20世纪上半期，由西方发动的两次世界大战，给人类带来了深重灾难，不论前者还是后者死伤都达千万人乃至数千万人，而且大规模杀伤性武器原子弹也在日本广岛、长崎爆炸。这种教训不可谓不深。由此，不能不反思和反省这种巨大灾难背后的文化问题。早在第一次世界大战之际，斯宾格勒就提出了"西方没落"的观点。⑤ 之后，汤因比在其历时多年的《历史研究》中指出："西方和西方化国家走火入魔地在这条充满灾难、通向毁灭的道路上你追我赶，因此它们之中任何国家都不可能有眼光和智力来解救它们自己和全人类。"他认为，必须在西方以外寻求使人类生活稳定下来的发起者，并将目光投向了中国。⑥

---

① 于沛：《〈史学理论研究〉三十年：构建马克思主义史学理论新形态的三十年》，《史学理论研究》2017年第2期。
② 瞿林东：《理论研究与学科体系》，《史学理论研究》2017年第2期。
③ 瞿林东：《"事无纤巨，善恶足为鉴诫"——宋人史料笔记的惩劝作用》，《北京日报》2017年2月6日第15版；瞿林东：《宋人史料笔记撰述的旨趣》，《天津社会科学》2016年第4期。
④ 乔治忠：《试论史学理论学术体系的建设》，《中国史研究》2017年第2期。
⑤ ［德］奥斯瓦尔德·斯宾格勒：《西方的没落》，齐世荣等译，群言出版社2016年版。
⑥ ［英］阿若德·汤因比：《历史研究》，刘北城、郭小凌译，上海人民出版社2005年版，第393—395页。

而当今，不论西方、全球还是中国自身都面临着众多棘手的问题，例如生态恶化、文明冲突、局部战争、人的物化等。孔汉思、杜维明、许嘉璐等提出和倡导建构"全球伦理"来解决当今世界中的诸多重大问题，并认为中国传统文化及其智慧将成为这种共同伦理的动力源泉。[①] 由此可见，由于世界性问题所引发的中外学者对中国传统文化的关注。尽管他们的具体观点还可以讨论，但毕竟说明了中国传统文化对己对人的巨大价值。

中国优秀传统文化中的明德、至善、中道、道法自然等思想，确实是破除战争与和平、科学与人文、物质与心灵等二元对立问题的良方。二元对立是西方文化中比较突出的思想和思维，它的一个重要表现就是排他和斗争。而中国优秀传统文化恰恰崇尚和谐，不尚战争。在中国历史上，佛教、伊斯兰教、基督教等外来文化都相继进入中国，与中国本土文化融合共生，乃至成为中国文化的重要组成部分。而且在中华大地上从来没有发生过宗教战争，中华民族也"没有对外侵略的传统"。[②] 这些都给动荡不已的现代世界以文化和智慧的启示。由此，我们不得不再次深刻反省中国优秀文化被虚无和否定的问题。我们坚信，它的"虚无"命运将在诸多世界性难题的化解中走向终结。

三 创造性转化、创新性发展是克服否定优秀传统文化错误观点的重要途径

创造性转化、创新性发展是习近平总书记针对近些年来中国社会科学发展和中国传统文化继承中存在的诸多重大问题，提出的一个重要概念。这既在中国唐代文化、宋明理学，也在西方文艺复兴时期有着成功经验，都值得我们学习和借鉴。不论是中国历史，还是世界历史，每一

[①] 参［德］孔汉思《世界伦理手册》，邓建华、廖恒译，生活·读书·新知三联书店2012年版；杜维明《否极泰来：新轴心时代的儒家资源》，北京大学出版社2016年版；许嘉璐《为了中华为了世界：许嘉璐论文化》（下），中国社会科学出版社2017年版。

[②]《习近平同希腊总统帕夫洛普洛斯会谈》，《人民日报》2019年5月15日第1版。

次社会重大的质的进步和发展,都离不开文化、思想、知识正向的巨大变革,及其正向的引导,而其中的曲折、苦难无不是对这种正向文化、思想、知识的背离。当今,我们正处在中华民族伟大复兴的新时代,是中华民族承上启下的一个极其重要的关键时期,是真正静下心来踏踏实实对优秀传统文化重新认识、探讨、汲取和创新的时候了,也是优秀传统文化与时俱进,适应新时代,再次精神焕发的时候了。

(一)学术支撑

将优秀传统文化创造性圆融于当下的学科体系、学术体系、话语体系建设,在三个体系质的提升中实现创新性发展。

这是克服否定优秀传统文化错误观点的学术支撑。

当前,中国特色社会主义进入新时代,迫切需要历史智慧和文化思想的支撑,亟须从中国本土历史和文化中提炼出对我们国家和世界发展有益的现代因素。

第一,有必要对优秀传统文化中的一些重要思想、观点、概念、命题等进行提炼,对中国历史的文化背景进行大视野综合概括。从而既在博大的宏观,又在精深的微观上把握中国历史的文化精髓,揭示出中国历史的内在精神气韵。

第二,中国文化自古就有文史哲不分的优良传统,所以有必要加强文史哲、儒释道之间交流和对话。这有利于深刻把握相关思想、观点、概念、命题等文字背后的深层内涵。

第三,充分挖掘历史典籍中体现优秀传统文化的内容,保证内容的翔实性和扎实的学术性。优秀传统文化的思想、观点、概念、命题等,蕴含在古代经史子集、方志、戏剧等不同体裁的典籍中,亟须我们去耐心、细心、精心挖掘,梳理彰显。

优秀传统文化不但蕴含着中国历史的基因和根脉,而且还蕴含着中国思想、中国史观、中国智慧最为核心的思想理念。近几十年来,中国本土历史思想和历史理论的缺失已成为制约史学研究的一个主要瓶颈,而其中一大原因就是优秀传统文化的断裂。而哲学社会科学包括历史学三个体系的建设,将对此有质的改变。由此,中国学术从根本上面临着一个质的重要转折,那就是依托中华民族雄厚的文化根基和高度的文化自信,开辟一条本土化的学术道路。正是在这一过程中,那些否定优秀传统文化的错误观点将失去学术土壤和学术空间。

(二)人文支撑

将优秀传统文化中的具体思想和观点,创造性圆融于个体的生命和群体的生活中,在促进个体生命与群体生活质的提升中实现创新性发展。

这是克服否定优秀传统文化错误观点的人文支撑。

中国历史研究的一个优良传统是"经世致用",而优秀传统文化最根本、最突出的特色,就是其人文精神,"观乎人文以化成天下"是典型写照。[①] 近些年来,由于受西方中心论等多种因素的影响,负责保存我们国家和民族记忆的历史学,对现实越来越冷漠,离现实越来越远。应该说,这不是历史学的常态。所以,在中国特色社会主义进入新时代的今天,不论是历史研究,还是传统文化的创造性转化、创新性发展,都应走出象牙塔,去关注、关心活生生的人生。如何圆融现实,关注当下的人生,传统文化中的如下几点值得我们思考和借鉴。

其一,提供个人道德境界不断提升的路径。人兽之别是中国古代先人提出的一个重要命题,而人兽的重要区别就是人具有伦理、道德和价值及其不断地提升。这在《礼记》《孟子》《荀子》等经典中有着生动详细的记载。伦理、道德和价值最初将人和兽区别开来。但到此并没有完结,而是继续提升,踏踏实实去"明德",乃至走向"至善"。由此,个人的人生境界、道德素养日新月异,从凡尘俗子,进步为君子,从君子进步为大德,从大德进步为圣贤。

由此,中国文化解决了人兽之别,以及人之道德层次不断提升和超越的问题。尽管世界各大文明中都注意到道德伦理问题,但中国文化中的道德伦理更为系统、精细而引起其他国家诸多学者的高度重视。例

---

① 《周易正义·贲卦》,阮元校刻:《十三经注疏》,第37页。

如，黑格尔曾言："当我们说中国哲学，说孔子的哲学，并加以夸羡时，则我们须了解所说的和所夸羡的只是这种道德。"① 时至今日，这个问题仍给人们以借鉴。随着当今世界人的物化问题日益严重，中国文化中的诸多道德、伦理、价值的具体思想和观念，必将有益于世人。

其二，确立由个人至家庭、群体、国家、天下等境界提升的不同层次。如果仅仅只是个人道德的成功，远不能说明中国文化博大精深。除了上述个人道德、境界的提升外，它还由己及人，乃至家、国、天下。

第一，由己及人。也就是还要确确实实引导、育化、成就他人。即《论语》所说的"己欲立而立人，己欲达而达人"②。第二，由己到家、群体、国、天下。这也就是《大学》所彰显的格物、致知、正心、诚意、修身、齐家、治国、平天下。③ 第三，相反相成，行有不得，反求诸己。④ 值得注意的是，格物、致知、正心、诚意、修身、齐家、治国、平天下并不是一个单向的过程，而是双向的，不但相辅相成，而且相反相成。也就是自己不成功，出了问题，遇到了困难和挫折，就要反躬自省，不怨天尤人，不一味向外部寻求解决之道。这是除了伦理、道德、价值之外，优秀传统文化给予我们的一个有重要价值的思想和启示，尤其是对当今太注重物质追求的人们和社会更是如此。

可以说，优秀传统文化的创造性转化、创新性发展，指向人们活生生的人生，不但要有量的积累，而且也要有质的提升，这是克服虚无主义等错误观点的源头活水。

（三）实践支撑

将优秀传统文化中的具体思想和观念，创造性圆融各个层面的实践，在"知行合一"中实现创新性发展。这是克服否定优秀传统文化

---

① ［德］黑格尔：《哲学史讲演录》第1卷，贺麟等译，商务印书馆1959年版，第136页。
② 《论语注疏·雍也》，阮元校刻：《十三经注疏》，第2479页。
③ 《礼记正义·大学》，阮元校刻：《十三经注疏》，第1673—1679页。
④ "行有不得者皆反求诸己"，出自《孟子·离娄上》（《孟子注疏·离娄章句上》，阮元校刻：《十三经注疏》，第2718页）。

错误观点的实践支撑。

中国文化的一个重要特点是"知行合一",也就是既重知也重行。如果说将优秀传统文化圆融各学科的三个体系建设,还在于学术"知"的层面的话,那么将其圆融于各个层面实实在在的实践,则是"行"的层面。在中国历史发展跌宕起伏的进程中,我们清楚地看到中国文化,尤其是中国优秀文化所起的重要作用。那是跌宕起伏进程中贯穿始终的,从来不曾断裂的基因传承,连绵不断的精神命脉。它与不同时代的具体时空、人事条件相融合,表现出不同的形式和形态,塑造了中华民族的光辉历史。之所以如此,与我们的先人对众多文化思想、理念实实在在的实践、担当有关系,尽管其中层次不一,方式各异。

知行合一关注的不仅仅是学理大道,更注重将学理大道落实到实实在在的行为。当今,之所以历史理论或历史思想研究匮乏,与"知""行"的不协调乃至相悖有关,与说得多做得少、唱得多行得少,有着密切关联。

其一,就学理而言,知与行辩证统一,能知才能行,行又促进知。其二,就实践而言,只知不行难达真知,还是不知。因为知要见之于行,需要智慧地圆融种种因缘条件,绝非空言"知"字所能办得。字识得,言说得,但不一定行得。例如,明德、至善,大家都认识,都会读,但行了没有?又行到什么程度?答案当然是仁者见仁、智者见智。

所以,对优秀传统文化,我们这里强调"知"的落实,也就是实践。在这点上,中国历史乃至世界历史上的大德圣贤给我们树立了榜样。与当代诸多学者不同,他们不仅仅在阐述思想,而且更重要的是躬身力行。可以说,大德圣贤是优秀传统文化的创造者、继承者和传播者。诸多传统文化的精髓未见之于文字,而是蕴含在他们具体的实践和担当之中。

知行合一,无疑对推动优秀传统文化的创造性转化、创新性发展,克服虚无主义等错误观点提供了坚实的实践支撑。

总之,在中国特色社会主义新时代,我们要充分认识和挖掘优秀传统文化的巨大价值,坚决抵制和批判对其否定的虚无主义等错误观点。

第四章　中华文化与新时代历史研究

当然，强调优秀传统文化的重要价值和意义，并不意味着我们是"传统文化决定论"，也并不意味着华夏中心主义的重演，更不是复古主义和妄尊自大。而是在继承历史的基础上创造新的现实和历史，是为了促进思想、文化、社会，及我们国家、民族的发展和复兴。对此，华夏中心主义、复古主义不可行，全盘西化论、西方中心论更不可行。

反对全盘西化论和西方中心论，并不否认我们认真学习和借鉴西方或其他国家的优秀思想和学术成果。有容乃大才是雅量，如同当年的大唐，不但能够容纳、融合本土文化，而且能够吸收、融合外来文化，才有了在当时世界上盛极一时的文化和国力。自明清以来，夜郎自大，闭关锁国，已经给我们民族的发展带来太多的苦难，已经留给我们太多的沉痛教训。对此，我们应该铭记，使其成为我们进步的阶梯。值得注意的是，虽然我们强调积极学习西方或外国，但绝不是以西方或外国为蓝本，也绝不能丢弃我们自己的主体意识和历史文化根基。

中国优秀传统文化蕴含着中华民族最核心的价值追求，最顽强的命脉基因，"是中华民族生生不息、发展壮大的丰厚滋养"[①]。当今中国特色社会主义进入新时代，我们要从本土历史和文化中提炼出中国思想、中国智慧、中国话语，探究传统文化的深层价值和新时代中国文化的创新动力，为国泰民安、民族复兴、世界和平提供智力支持和文化支撑。

第三节　发挥史学"明德"功能，引领时代新风尚

中国文化中包含着丰富的"明德"的内容，自古至今的先贤大德也无不以此为人生的志向并不懈追求。但是，五四以来，在西方文化的冲击下，人们普遍对传统文化产生了不同程度的偏颇乃至偏激认识。党

[①] 习近平：《深化文明交流互鉴 共建亚洲命运共同体——在亚洲文明对话大会开幕式上的主旨演讲》，《人民日报》2019 年 5 月 16 日第 2 版。

的十八大以来，习近平总书记对中华优秀传统文化高度重视，发表了一系列重要讲话。同时，党和国家的文化政策发生了深度调整，一系列重要政策也随之出台。这些都为新时代文化认同与文化自信，创造了良好的政治环境和社会环境，直接促进了新时代文化复兴和文化自信思潮的兴起。这对发挥中华文化及历史学的"明德"功能，提供了良好的政治环境和学术条件。

一 问题的提出

习近平总书记多次在讲话中强调中国优秀传统文化的重要性，强调"国无德不兴，人无德不立"[①]；强调"只要中华民族一代接着一代追求美好崇高的道德境界，我们的民族就永远充满希望"[②]。他于2019年3月4日在全国政协十三届二次会议文化艺术界、社会科学界联组会上的讲话中，明确提出"为时代明德"，"要坚持用明德引领风尚"。习近平总书记在讲话中强调的几项重要内容，无疑对构建"明德史学思潮"提供了国家的法理依据，指明了主要原则和发展方向。

第一，一个国家、一个民族不能没有灵魂。哲学社会科学工作属于培根铸魂的工作，在新时代坚持和发展中国特色社会主义中具有十分重要的作用。

第二，坚持与时代同步伐，勇于回答时代课题，描绘我们这个时代的精神图谱，为时代画像、为时代立传、为时代明德。

第三，哲学社会科学工作者都肩负着启迪思想、陶冶情操、温润心灵的重要职责，承担着以文化人、以文育人、以文培元的使命。[③]

这是继2016年在哲学社会科学工作座谈会重要讲话之后，习近平

[①] 习近平：《青年要自觉践行社会主义核心价值观——在北京大学师生座谈会上的讲话》，《人民日报》2014年5月5日第2版。
[②] 习近平：《认真贯彻党的十八届三中全会精神 汇聚起全面深化改革的强大正能量》，《人民日报》2013年11月29日第1版。
[③] 《习近平在看望参加政协会议的文艺界社科界委员时强调 坚定文化自信把握时代脉搏聆听时代声音 坚持以精品奉献人民用明德引领风尚》，《人民日报》2019年3月5日第1版。

总书记又一次关于哲学社会工作的重要讲话。在这次讲话中，习总书记两次提到"明德"，而且一个国家、一个民族的"灵魂"也与"明德"有着密不可分的关系。可以说，没有"明德"绝无真正的"灵魂"，明德是"灵魂"不可或缺的重要组成部分。由此可见，习近平总书记对新时代"明德"的重视，和对广大哲学社会科学和文艺工作者的期待。

"明德"来自《四书》中的《大学》，即"大学之道，在明明德，在亲民，在止于至善"①。"亲民"和"至善"是"明德"最基本的要求。自古至今，以经史子集为代表，历代先贤大德所言所行，都可从根本上归结为"明德"。《大学》所彰显的格物、致知、正心、诚意、修身、齐家、治国、平天下是"明德";② 《老子》所提"孔德之容，惟道是从"是"明德";③ 司马光所编《资治通鉴》专取"关国家盛衰，系生民休戚，善可为法，恶可为戒者"也是"明德"。④

习近平总书记的上述系列重要讲话及其重要精神，体现了党中央和国家意志或国家战略及政策的重要调整，是发挥史学"明德"功能必可不少的重要条件。那么，在新时代大潮中，史学研究如何才能更好地与时代和社会重大问题相呼应，又如何"明德"呢？

二 "明德"的价值取向

史学"明德"是哲学社会科学工作的重要组成部分，属于培根铸魂的工作，所以必须把握正确的价值方向。因此，在价值取向上，史学"明德"当以"至善"为根本宗旨。这不但具有明确的思想渊源，而且具有历代的不断传承。对中国文化中的价值观念，习近平总书记有着详细的论述。例如：中国古代历来讲格物致知、诚意正心、修身齐家、治国平天下。从某种角度看，格物致知、诚意正心、修身是个人层面的要

---

① 《十三经注疏·礼记正义·大学》（标点本），第1592页。
② 参（宋）朱熹《四书章句集注·大学章句》，第3—13页。
③ 《老子》，中州古籍出版社2008年版，第74页。
④ （宋）司马光编著：《资治通鉴·进书表》，第9607—9608页。

求，齐家是社会层面的要求，治国平天下是国家层面的要求。再如：中华文化强调"民惟邦本""天人合一""和而不同"，强调"天行健，君子以自强不息""大道之行也，天下为公"；强调"天下兴亡，匹夫有责"，主张以德治国、以文化人；强调"君子喻于义""君子坦荡荡""君子义以为质"；强调"言必信，行必果""人而无信，不知其可也"；强调"德不孤，必有邻""仁者爱人""与人为善""己所不欲，勿施于人""出入相友，守望相助""老吾老以及人之老，幼吾幼以及人之幼""扶贫济困""不患寡而患不均"；等等。像这样的思想和理念，不论过去还是现在，都有其鲜明的民族特色，都有其永不褪色的时代价值。① 这些对我们挖掘中国文化中的重要价值理念，具有重要参考价值。这或许可在以下不同的层面展开：其一，个人层面——自强厚德，防恶止非，格致诚正；其二，社会层面——惩恶扬善，孝悌忠信，仁义礼智；其三，国家层面——以民为本，抵御外辱，国泰民安；其四，世界层面——公平正义，仁爱和平，小康大同；其五，文化层面——天人合一，知行合一，天地立心。

上述五个层面，都包括正反两方面的内容，即一方面要鼓励、肯定和弘扬正面的价值观念，例如最基本的道德人伦、社会正义，人与人之间的友爱、国与国之间的和睦，乃至终极关怀。另一方面，要否定、防止、遏制乃至消灭负面的东西，例如失信、偷盗、暴行、屠杀、侵略等。

三 "明德"引领时代风尚的举措

新时代呼唤历史学研究的新担当、新作为。就"明德"如何引领时代新风尚而言，以下几个方面的举措值得考虑。

（一）激发文化自觉，促进社会稳定

从实践角度讲，文化自觉是指在社会各层面鼓励人民大众将仁爱、

---

① 习近平：《青年要自觉践行社会主义核心价值观——在北京大学师生座谈会上的讲话》，《人民日报》2014年5月5日第2版。

民本、诚信、正义、和合、大同等重要文化观念落实于日常的生活行为，而非仅仅停留在文字。一个民族文化的振兴，要靠民族的文化自觉。文化自觉就是一个民族要对自己的文化，有清醒的、全面的、深入的了解。也就是要了解自己民族文化的内涵和走向。

文化自觉才能真正有效化解人们心中的不满、愤怒、仇恨、忌妒、贪婪等负面情绪。"人心惟危，道心惟微。"人心中既有狭隘、偏见、自私等负面的东西，也有良知、仁爱、慈悲等正面的力量。不论在人类文明史上，还是在中华文明史上，所有的辉煌都是在"道心"的引导下创造；所有的悲剧，都与人心中负面的意念相关。老子、孔子、孟子、张载、王阳明等历代圣贤无不在引导人们为善去恶，守护好自己的良知和道心。当今，文明、和谐、平等、公正、爱国、诚信、友善等社会主义核心价值观，在某种程度上是中华文化"道心"的继承和发展。法安天下，德润人心。人只有自觉，才能发生蜕变。治心，能够引导人的自觉自律，增强人们自我净化能力，从而更具根本意义。

推动社会文化自觉，能够产生有利于消解突发社会事件产生或发酵的社会环境。"文化"是中国历代治国理政的重要方式和成功经验，用《周易》的话说就是"关乎人文，以化成天下"。西周的礼治、汉初的无为而治、自汉武帝开始的"独尊儒术"等，无不是"文化"天下。社会正向价值观的消解，来源于人们心中善念正知的消解。内心私欲横流，必然导致社会秩序的混乱。文化的庄严使命，就是唤醒人们生命的自觉。"随风潜入夜，润物细无声。"文化扎根于社会生活，落实于人们的行为，成为人们的生活方式、精神家园、信仰世界，才能形成减少和消解突发社会事件得以产生或发酵的良好社会环境。

社会文化自觉是文化软力量得以形成的关键所在。纵览世界文明史，一个民族的崛起常常与其民族精神的崛起和民族文化的复兴息息相关。经济、科技、军事等硬实力固然重要，但若没有文化软实力的支撑，很难实现真正的强大和崛起。例如，古代强秦仅仅二世即亡，自16世纪以来葡萄牙、西班牙等虽一时兴盛但急速衰落或消亡。随着全球化程度的加深，国际竞争越来越体现为以文化为背景的综合国力竞争，文化软实力对社会经济发展越来越具有不容低估的巨大作用。而社会文化自觉对文化软实力的形成与不断提升，具有无与伦比的重要意义。因为只有实现文化自觉，才能真正造就社会的凝聚力、向心力，文化创新、创造的动力和活力，才能确确实实筑牢国家发展的文化根基，提升社会的文明程度，提升综合国力和国际竞争力。

（二）积极发挥历史学的"劝善"作用

"劝善"是中国优秀传统文化的重要内容，劝善史是历史学的一个重要分支。因此，发挥"史学"的劝善功能，既有经久不衰的文化的基因，也有源源不断的学术传承。这在中国古代的经史子集、方志、戏剧等不同体裁的典籍中，以及近现代仁人志士的传记中，都有着丰富的记载，亟须人们去耐心、细心、精心挖掘。当然，具体研究和具体工作应与当今社会发展相适应，特别是融会贯通古代道德价值观与社会主义核心价值观，从而更好地发挥"劝善"以"明德"的作用。

就史学传承而言，自孔子著《春秋》，善恶褒贬就成为中国历史的一个优良传统，这一点值得我们继承和发展。近些年来，由于受西方价值观等多种因素的影响，负责保存一个国家、一个民族记忆的历史学，越来越冷漠，越来越追求所谓的客观和中立，离现实越来越远。应该说，这不是历史学的常态，这种情况亟待改变。从根本上说，历史研究不仅关乎现实，更关乎人们的道德信仰与价值追求。后者更为当今历史学所欠缺，而中华文化及中国历史中的"劝善"，恰恰可以弥补这个不足。

（三）积极调动和发挥史学工作者"知行合一"的感召作用

中华文化的一个重要特征是"知行合一"，中国历史的一个优良传统是"经世致用"。广大史学工作者"知行合一"的感召力，是发挥历史学"明德"功能，引领社会新风尚必不可少的主观条件。

第一，字识得，言说得，但不一定行得。例如，"诸恶莫作，众善奉行"，大家都认识，都会读，但行了没有？又行到什么程度？答案当然是仁者见仁、智者见智。所以,我们这里强调对"知"的落实,也就是行持,并在行持中达"真知"。

第二,从自立、自觉到立人、觉他,也就是《论语》所说的"己欲立而立人,己欲达而达人"[1]。行,须先从自行开始,然后才能自立,自立才能立人。由此,才能产生正面影响他人的感召力。这种感召力的大小与自身的格致诚正、修齐治平的程度成正比。自身修持的越好,感召力越强。习近平总书记在强调知识分子社会责任时多次提到"为天地立心"的问题。[2]"为天地立心"一个重要前提就是首先要"自立""立自心",否则何谈"为天地立心"?由此可见,专家学者自身感召力的重要性。发挥历史学的"明德"作用,对历史学者的这种自立立人的感召作用不能不积极调动,不能不积极鼓励,否则静态的语言、静止的概念难以感动人、感染人、感召人。

与当代诸多学者不同,中国历史上的先贤大德,不论是古代孔子、老子,还是近代的李大钊、梁漱溟等,他们不仅仅在阐述思想,而且更重要的是现身说法,亲身实践和行持他们的观点或思想。也就是,他们论君子就先让自己成为君子,论慈悲济世就先让自己慈悲济世。这种思想、精神及代代持续不断的行持,也就在中国漫长的历史中形成了"知行合一"的文化特征及其传承。

道德或德行对一个社会必不可少,但这丝毫不否认物质、生产、环境,或政治、经济、文化对社会的重要作用,及其在历史中的重要作用。这里提出发挥史学"明德"功能,引领时代新风尚,旨在彰显道德、德行在历史和社会中的重要作用,但如同政治、经济、文化等因素一样,绝不是唯一的重要作用,绝不是强调道德决定论,对此需要辩证看待。

当代中国社会正在转型进程中,正经历着我国历史上最为广泛而

---

[1] 参(宋)朱熹《四书章句集注·论语集注·雍也》,第92页。
[2] 习近平:《在知识分子、劳动模范、青年代表座谈会上的讲话》,《人民日报》2016年4月30日第2版。

深刻的社会变革。习近平总书记倡导"为时代明德","要坚持用明德引领风尚",可谓抓住了古今中外历史的一个核心问题,抓住了我国当今社会的一个重大核心问题。我们当以习总书记的号召为契机,积极挖掘中国五千多年历史长河中积累的丰富明德资料、生动明德智慧、感人明德故事,积极发挥史学的"明德"功能,以"明德"引领时代新风尚。

第五章

结论：以史问道

"道"是中华文化一个最为根本的概念，具体指天道、地道、人道，体现着中华文化最为根本的精神价值。我们祖先最早在创造中华文化的时候，他们就立足于"道"，例如《老子》对"道"的阐发，又如《礼记》所言"大道之行也，天下为公"，等等。中国古代史学也继承和发展着中华文化"明道"的传统。曾巩有言："史者，所以明夫治天下之道也。"① 宋人孙甫言："明治乱之本，谨劝戒之道。"② 这可谓先贤对以史明道的明确表达。

《尚书》有言："道心惟微，人心惟危。"③ 此言虽出自千年之前，但对当今的道心与人心问题，仍然一语中的。由此，以史问道也就成了我们关注的主题。

第一节　叩问学术情怀

2004年9月，葛兆光先生在《古代中国文化讲义·自序》中说：

---

① 朱国富、谢若水整理：《曾巩集·南齐书序》，国际文化出版公司2020年版，第146页。
② （宋）孙甫：《唐史论断·序》，中华书局1985年版，第2页。
③ 《尚书正义·虞书·大禹谟》，阮元校刻：《十三经注疏》，第136页。

中华文化与历史理论散论

"近年来我总觉得,历史研究者有时候有点像犯了'自闭症',常常孤芳自赏地昂着高傲的头,自顾自地离开公众领域,把自己锁在象牙塔里面,可是历史研究的意义是什么呢?"他继而又问:如果它仅仅是一种专门知识,一种大学或研究所里陈陈相因的学科技术,它还会有生机吗?[①] 时过境迁,至今已近20年,学界的这种状况有所改变否?

  类似的问题,在美国著名学者斯塔夫里阿诺斯《全球通史》序言——"为什么需要一部21世纪的全球通史"中也曾提出:"每个时代都要编写它自己的历史。不是因为早先的历史编写不对,而是因为每个时代都会面对新的问题,产生新的问题,探求新的答案。我们迫切需要一部提出新的疑问并给出新的答案的新历史。为什么本书第1版(1970年)问世才几十年就又要出版面向21世纪的新版本呢?答案与出版第1版的理由是相同的,还是那句话:新世纪需要新史学。"同时,他又提出一个耐人寻味的问题:"在今天和可以预见的将来,社会发展给个人和社会带来了深刻的问题。现在已到了不能不面对基本原则的时候。那么,人生的意义究竟何在?当培根强调新兴的科学必须被用于'改善生活'而不是为了诸如'追逐名利'之类的目的时,已经直面了这一问题。培根还一针见血地提出了以下问题:难道人类非得变成经济动物?"他自己这样回答:"任何社会的首要目标都必须是满足人类的基本需求——食物、住所、健康、教育,因此,必须首先提高经济效率以使这些基本需求得到满足。但是,如果这些基本需求已得到满足,难道人们还必须无视个人、社会和生态的代价而一味强调经济生产率吗?对于这个基本问题,我们尚未给予应有的考虑。"[②]

  刘志琴先生曾有这样一段话来描述学术文著的受众:

    邵燕祥先生有一次对我说:"看了你的一篇学术论文,写得不

---

① 葛兆光:《古代中国文化讲义·自序》,人民文学出版社2020年版,第3页。
② [美]斯塔夫里阿诺斯:《全球通史:从史前史到21世纪》,吴象婴等译,北京大学出版社2006年版,第12页。

错,能有几个人看哩?"我讪讪地回答:"大约就是同行吧。"

"同行中有多少?"

"也就搞相同课题的人,还要有机会看到这一杂志的,十几个、几十个,不会多。"作为一门在古代显赫一时的学科的历史学,在现代的读者愈来愈少,已是不争的事实。这反映史学的社会功能,随着时代的发展而发生了变化。是人们对历史丧失了兴趣?不尽然。改革开放以来人们阅读的内容愈来愈加多元化,但是选择的多元并未冲淡对历史的兴趣,影视中最走俏的是历史剧,不论是正说还是戏说,都拥有广大的观众,如果这方面的问题不在读者的话,那就要请作者反思![1]

读刘先生所言,我们不免再次反思史学的社会功能问题。近年来,历史研究中国本土化趋向正在逐渐形成,也多有中国学者对上述问题进行思考。例如彭卫同样提出"我们今天需要怎样的历史学"的问题。他指出,历史研究的一个重要指向就是提供历史智慧,而历史智慧最重要的方面乃是在于启蒙人的心灵,提高人的判断力和道德感。这种启蒙力、判断力和道德感是我们能够进步的根基,它的存在,不仅使过去的错误、痛苦和灾难不再重现成为可能,也能够帮助我们造福最广大的人群。[2]

上述学者所言主要问题值得关注,也就是面临当今社会发展中的各种问题,我们需要什么样的历史学?众所周知,自改革开放以来,随着我国经济的高速增长,社会面临的一大问题就是道德与价值的全面衰退。为什么自党的十八大以来,我们国家提倡社会主义价值观,倡导文化自信,提出并践行经济、政治、社会、文化、生态建设"五位一体"布局,根本的一大原因就是,要解决包括道德价值在内的诸多重大社会问题。没有道德的制约和正向价值的引导,社会将越来越难以治理;没

---

[1] 刘志琴:《千古文章未尽才》,中国人民大学出版社2012年版,第161页。
[2] 彭卫:《走进历史的原野——史学续论》,中国社会科学出版社2017年版,第3页。

有文化的复兴，难以有与国家经济实力相匹配的国际软实力。每个时代都有凝聚着它的时代精神的价值观念。众所周知，当下的史学研究，欠缺对社会重大问题的思索与忧患，从而也就在某种程度上缺少了对历史的洞见。另外，中国士人自古就有格致正诚、修齐治平的情怀，这在历代史家身上也有集中体现。但在当今浮躁的环境中，由于种种原因，情景并不乐观。"为学日益，为道日损。"① 由此，也就有了我们不得不重视的"著述者之心术"问题。

第二节　叩问人心：本来无一事，谁在惹尘埃

刘志琴先生曾有一段话令人深思，她说："我们这一代人都成长在舆论一律、思想一律的时代，都已习惯相似相近的人事，凡有出格者都视为异类，甚至加以排斥。坐井观天看人，将人看成一种模式，这已成为思维定式。殊不知，这世界上山川日月，斗换星移，天地之间最为丰富多彩的是人，是人的面目、性格、心理和情感。"② 刘先生的话道出了史学研究的一个普遍现象，那就是近些年来，对"人"本身的忽略或忽视。这一方面是社会问题在历史研究领域的反映，另一方面是史学本身对人及人心尤其是道德价值的忽略问题。

尽管人的历史与外部世界有着千丝万缕的联系，外部世界也给人提供了安身立命的物质基础。但归根结底历史学不是以外部世界为终极对象的学问，而是以人为中心，探讨人与人的价值的学问。那么对人及人心问题，以及当今社会的价值与道德缺失问题，致力于记述人的历史的史学研究，该发挥怎样的作用呢？还是躲进所谓学术的象牙塔而置身事外呢？总体而言，当然不能置身事外，置之不理。而是有必要将历史中的人心与福祸，与国家兴亡、天下太平之间关系、经验、教训提炼出

---

① 《老子道德经注·四十八章》，第 127、128 页。
② 刘志琴：《千古文章未尽才》，中国人民大学出版社 2012 年版，第 9 页。

来，以供今人和后人借鉴，从而为人、人心、价值、道德等问题的解决，提供历史、文化、思想、智慧支撑。

一 人心：世间祸福不可忽视的本源

人类社会自诞生以来，就灾难连连。纵观古今历史，人类社会时时面临困境的根本原因在于人自身，即使貌似与人无关的自然灾害也充斥着人的身影。如果再继续深究，则在于人心。郑永年2022年7月通过对国际形势的分析，提出："从英国脱欧、中美贸易战再到乌克兰危机，近年来世界出现乱局的根源到底在哪？表面乱在内政，实则乱在人心，心之乱是最深层的乱。……世界之所以乱，乱在人心，乱在道德基础的崩塌。"他认为，"世界乱局的趋势取决于人心的发展，世界的稳定取决于人心的稳定"。[1] 对当今世界乱局，尽管人们还可以说出种种外部的原因，但这种外部的原因可能是一时一事的重要原因，不具根本性。这些问题的根本解决还需要从人自身找原因，还需从人自身及人心上根本解决。

为什么郑永年提出"世界之乱，乱在人心？"因为，人心牵涉个人、家庭、群体、社会、国家、民族乃至世界的善恶、福祸、兴衰的本源问题。这也就不难理解，世界各大文明都非常注重心性修养问题。尽管它们注重的程度不一，修心的方式各异。仓廪实可以知礼节，但问题是，仓廪实了，人就一定知礼节吗？从历史和现实看，未必。以此类推，经济发展了，生活富裕了，就一定有高贵的心灵，高品质的价值追求，人们就可以福寿康宁，国家就可以国泰民安，世界就可以太平祥和了吗？从中外古今历史来看，答案依旧是未必。当然，个中原因很多，诸如政治、经济、军事等，但"人心"是虽不能忽略，而恰恰被容易忽略的一个重要原因。

---

[1] 郑永年：《从安倍之死看世界之乱的根源》，《IPP评论》，2022年7月12日15：22发表于广东。《IPP评论》是郑永年领导的国家高端智库华南理工大学公共政策研究院（IPP）官方微信平台，微信ID：IPP-REVIEW。

（一）人心与善恶祸福后果之间的必然关联

从古今中外具体历史人物的人生，以及具体历史事件的起因与结果来看，人的本心—念头—方案—行动—后果—业力之间存在必然联系。

第一，人心：心性清净，不垢不净，不增不减。

第二，念头：一旦第一念升起，即一生二，二生三，三生万，从而念念不断，念念迁流。状态或是细微不觉，或是微风绵绵，或是汹涌澎湃难以自制。

第三，方案：有了第一念及念念之后，就有了将念付诸行动的预谋、战略、计划、规划、策略等方案。

第四，行动：有了预谋、战略、计划、规划、策略等方案之后，一旦条件具足后就有了行动。

第五，后果：有了行动，自然就有了后果。这种后果，或为人所希望，或与最初的想法有出入，甚至南辕北辙，截然相反，是当初最不想发生或看到的结果。恩格斯的合力论对此有生动的描述，他说："历史是这样创造的：最终的结果总是从许多单个的意志的相互冲突中产生出来的，而其中每一个意志，又是由于许多特殊的生活条件，才成为它所成为的那样。这样就有无数互相交错的力量，有无数个力的平行四边形，由此就产生出一个合力，即历史结果，而这个结果又可以看作一个作为整体的、不自觉地和不自主地起着作用的力量的产物。"[1] 恩格斯所说的合力中包括生产力、生产关系等多种因素，但无疑也包括人的意志，也就是我们这里谈到的"人心"及其心中念头、方案等。

因此，从长时段来看，不论是对个人的生活还是社会的整体运行，最终的结果绝非人的想象，尤其是浮想联翩的想象。尽管早先绘制的蓝图和不懈的努力与行动，能够取得所谓的成功，但最终结果肯定不是最初设想的模样。由此，我们也就不难发现，决定一个人或群体生命的因素众多，包括政治、经济、文化等不同的繁多的因素，但人心与后果之

---

[1] 《马克思恩格斯选集》第4卷，人民出版社1995年版，第697页。

间存在必然的关联。人或人群尽管受外界众多因素的影响，但绝非外境的玩偶，而是从最初起心动念，到方案、行动等不同阶段自我作为的结果。

第六，业力：有了果，就有了难以摆脱的业力。这种业力，不因念头、方案、行动、后果的结束而结束，而是继续存在，时间或长或短。而且这种业力，继续参与到新一轮的心念、方案、行动、结果之中，从而使得人们自觉不自觉地受其左右，受其摆布，难以脱离。也就是说，自我控制不住或很难控制住业力的缠缚与牵引，从而心念守不住清净自性，又有了起心动念、方案、行动、后果的再度轮回。

本心—念头—方案—行动—后果—业力之间相互影响，共同塑造了个人或群体不同的形形色色的生命状态，这就是所谓的命运。由此，我们也就不难发现，善恶的根本之处在"人心"，从起心动念，到之后的方案、行动都与心有关，可谓善恶根本在"心"。因此，尽管有种种外境的理由，但人之善恶的身语意必须后果自负。由此，我们也就明白了人心与福祸之间的必然关联。

其一，从开始起心动念就去私为公，修心修行，改正错误，完善自我，行善业，必得善果，从而得福。因此，从根本上说，善心才是福报的源头。例如，自古先人给后人留的遗训：百善孝为先，孝能开启万福之门。再如历史上有许多普通人，虽然没有信仰，但因为一念之善做了善事，积下阴德，从而命运得以彻底改变的公案与故事。由此，我们也就不难理解为何自古先人就教育后人讲美德，勿为恶了。就是因为善能够滋润、营养人的生命和生活，美德对生命对生活具有美化的作用。尽管行善的结果也不一定会立即显现，但最后会反哺人的生命，从而身心愉悦，事业成长，福寿康宁。同理，群体行善的结果，最终则会给群体的生命带来"反哺"。

其二，从起心动念开始既为善也作恶，从而善恶兼具，有福有祸。对此，孔子所说的"庸人"，颇具启发。哀公曰："敢问，何如斯可谓庸人矣？"孔子曰："所谓庸人者，口不能道善言，心不知邑邑。不知选贤人善士托其身焉，以为己忧；动行不知所务，止立不知所定，日选于物，不知所贵；从物如流，不知所归；五凿为政，心从而坏。如此，则可谓庸人矣。"[①]

其三，从起心动念开始就恶念丛生，为所欲为，连连作恶，自我作践，必结恶果，从而得祸。心本清净，但恶念不守心之清净自性，从而一生二，二生三，三生无穷。一旦与外境结合，就产生恶语恶行，从而导致命运被恶事缠缚，命运多舛，甚至命归黄泉。因此，与为善的结果恰恰相反，恶的作用最终必将败坏人的生活和生命。尽管作恶的后果不一定立马显现，但最终会给人的生命带来"反制"，从而心烦意乱、精神萎靡、疾病缠身，事业滞缓，甚至穷困潦倒，牢狱之灾，身首异处，生命终结。例如，那些沉溺于奢侈淫乐而导致国势衰微甚至亡国的帝王将相，如秦二世、隋炀帝等。同理，群体作恶的结果，最终会给群体的生命带来"反制"。

所以在现实的创造中，谁能够严持自律，而非为所欲为，谁能够积德修善而非处处为恶，谁能够更多关心他人，心怀天下，而非无原则自私自利，损人害人。谁能够坚持不懈，持之以恒保持已知正念、正行，而非好吃懒做，浑浑噩噩，邪知邪行，谁就更容易取得正向人生和事业的成功。人自身有了善心恶心，逐渐有了善行、恶行，从而最终造就了自己不同的命运。在此处此地显示出每个人的思想，观念，修为，乃至成绩或成就的高低不同，显示出人的主观能动性和创造性的高低不同。在此，人不是必然性的玩偶，也不是规律性的傀儡，而是自我塑造，自我成就的人生。《金史》所记《贾少冲传》就是一个生动的例子：

贾少冲，字若虚，通州人。勤学，日诵数百千言。家贫甚，尝道中获遗金，访其主归之。天会中，再伐宋，调及民兵。少冲甫冠，代其叔行，虽行伍间，未尝释卷。中天眷二年进士。刘筈欲以

[①] （清）王先谦：《荀子集解·鲁哀公》，中华书局1988年版，第538、539页；亦见于（清）王聘珍《大戴礼记解诂·哀公问五义》，中华书局1983年版，第9页。

妹妻之，少冲辞不就曰："富贵当自致之。"调营州军事判官，迁定安令。蔚州刺史恃贵不法，属吏畏之，每事辄曲从其意，少冲守正不阿。用廉进官一阶，再迁吏部主事、定武军节度副使、河中府判官。海陵浸以失道，少冲谓所亲曰："天下且乱，不可仕也。"秩满，乃不求仕。大定二年，调御史台典事，累迁刑部郎中。往北京决狱，奏诛首恶，误牵连其中者皆释不问，全活凡千人。①

最终，贾少冲仕至节度使。子益，仕至节度使、礼部尚书。其中所记"自致"二字意味深长。所谓"自致"必蓄德于躬，勤劳于事，造福于民，效忠于国。由此可见，美在现实生活中确确实实能美化人的生命和生活；丑则能实实在在丑化人的生命和生活。这就是为什么中国史书倡导真善美，贬斥假恶丑的一个重要缘由，绝非书上简单写写而已，而是蕴含着深厚的淑世情怀。

二　正心为根本

人有各种的愿望，但内心也充斥了太多的欲望。七情六欲固然是人之常情，但欲望过多，就会受外物所惑、所困、所缠、所缚，从而可能养成祸根。从中外形形色色的历史人物给我们留下的经验教训来看，生命的高贵在于物，更在于心。

其一，幸福人生的根本在人心。尽管外物外境对人或群体的幸福快乐有着重要作用，提供了重要的物质基础，但幸福人生的根本在人心。外物外境至关重要，具有基础性作用，但从长远看，不具根本性作用。因此，追逐外物外境，想从外境中获得根本、彻底、圆满的幸福与快乐，绝不可得。

其二，外物外境无限无穷，但一个人的能力等有限，可以获得自己能力范围可达到的部分，而能力范围之外的则望尘莫及。因此，外物无

---

① 《金史·贾少冲传》，中华书局1975年版，第2000页。

穷无尽，外境变化莫测，既有万千逝者也有千万生者，不论是人的行为还是能力，根本完全追逐不尽。

其三，外物外境可以暂时满足人心，但长远看却永远无法满足人心的欲望。欲壑难填，就是对人心绝好的形容。念头刹那间就变动无数，以致念念相连，无穷无尽。人的内心到底产生过多少念头、念想，自己都难以说清，何况作为复数的人呢？相对于人及人们的愿望欲望无穷而言，人们得到的外物遇到的外境具有有限性。愿望欲望的无穷性与外物外境的有限性之间的矛盾和张力，是人与人之间、人群与人群之间，乃至社会之间、国家之间争斗的一个重要原因。

其四，保持平常心。有些外物外境不请自来，满您所愿；有些外物外境，尽在眼前，似乎唾手可得，但仍失之交臂；有些外物外境，可以耳听眼观，但不属于自己；还有更多外物外景，我们根本不知，也根本进入不了我们的视线，何况获得。因此，对待外物外境，第一，集中精力做好自己的本分，不追逐，不攀援。第二，对身处其中、遇到的、可获得的外物外境，持"中道"态度和处理方式。比如吃穿住行，根据自己的条件和能力，适度适当满足所需，既不过度节俭亦不过度奢华。第三，穷则独善其身，积德行善，广结善缘，达则兼济天下。

其五，小心翼翼照看好自己的起心动念。生命福祸之初，全在善恶一念间。因此，要小心翼翼地照看好自己的起心动念和自身的言与行。因为一旦有了意动、言语、行为，就会产生难以摆脱和难以掌控的业力。一旦条件或机缘成熟，就会在业力促使下，产生新的事物，或好或孬，或善或恶，于是也就不得不面临或好或孬的结果，承受或善或恶的结局。善心善念自得善果，恶心恶念，难逃恶报。每一个善念善行，都会种下善因，对应着善果。反之，每一个恶念恶行也会种下恶因，对应着恶果。恰恰就是这一念及其之后的言行，最终的结果也就有了天壤之别。

其六，对己止恶修善，格致诚正。人无完人，孰能无过。但贵在从心上有过则改，有恶则止，进而在言语行为上止恶修善。从心上改，最为根本。一则诚心改过,不再重犯;二则发善心,起善念,做善行,乃至修齐治平,从而断恶因,断恶果,种善因,得善果。例如,因恻隐之心不杀生,因心有不忍解救落难,最后,因此善举逃过死劫而或善终者,历史上这样的事例很多。

因此,要正确认识自心。尽管头脑中可以有想象,而且在人的一生中充满了不计其数的想象,但具体实在的生活不是想象。其中有顺境,但这种顺境也只能成就极少数的想象,而且最终的结果也与起初的想象完全相同。其中更有逆境,这使得太多的想象最终作为空想陨落在记忆的长河。可以说,求富贵而富贵未必能至,心贵则命贵。因此,除了最为基本的吃穿住行之外,我们要注重内求,回归自身,回归自心。

内心的浮动、境界、状态与现实生活密切相连。现实生活的消解,来源于心中正知、正念、善念的消解。心小了,小事就大了;心大了,大事都小了。任何的自我膨胀、自我放大,都将妨碍对自身与外境的认识和感知,最终必将陷入自我构建的樊篱。心中一片正知、正念、善念,形成稳定、平静状态,从而生活幸福祥和,生命蒸蒸日上并获善终。心中私欲、欲望滚滚,不能自控,必然导致现实生活的状态混乱,不但陷入困境、苦厄,而且甚至在难于翻身的苦难之中结束悲惨的生命。事非经历不知难,话好说,修行难,做好更难。假若仅仅嘴上说说,书上写写,但就是不见之于行动与实践,那么再美好的心愿,总如水中花镜中月。问题的关键就是在这个地方,不论是个人美好愿望,还是社会的祥和,国家的繁荣昌盛,都与此有着密切关系。那就是美好的愿望、理想、信念,说容易,做起来难,做好更难。大道至简,贵见之于行。知行合一,方能解决真问题。这就需要通过学习获得知识,又要通过修行,就事练心,既不断克服困难又不断战胜自己,战胜自己欲望的缠绕与困扰。内心不但保持本有的清净,而且不为外境外物所动,如此才能升起本有的智慧,才能更好发心行事,格致诚正,修齐治平。

思想的伟大和魅力,在于其穿透力,尤其是那种历久弥新的穿透力。历史研究及历史著述,虽然也要探讨与人类社会密切相关的自然、生态、物质生产、商品交换等物质层面的因素，但更重要的在于探讨人自身的历史，人的尊严和人的价值的历史。

第三节　叩问道心："著述者之心术"

"道"是一个宏大的理论问题，在哲学、伦理学、宗教学等学科中多有阐述。因此，这里我们不再聚焦其具体的思想与渊源的阐述，而是聚焦历史撰述中体现"道"的最为重要的几个具体方面。这几个方面，体现了历史研究最为重要的价值追求，即求真、显理、明道、淑世、安邦。也就是历史记述实事求是，真实可信；理要深刻、易懂；道则显明、贯通；淑世要去私、为公，从而有利于国泰平安，天下太平。这几个方面相互独立，又相互贯通，每一项工作或研究都很重要，不分高下。如若在主观上轻此薄彼，都是自我认识的不足，都是自我执着、自高自大的表现，最终必将自我束缚，并可能对学术界或社会造成不良影响。例如，在"求真"上用功不但无可厚非，而且值得褒奖，因为这是史学的根基和基础。但是，如果执着于"文字"或"文字相"，将史学归结为史料学，则难得历史的真谛与要领。史学研究与历史著述可以在不同的层面展开，不同的史家或学者，根据自己的旨趣，从事其中一项或几项工作，只要在每一项工作上能够格致诚正，去私为公，修齐治平，都厥功甚伟，令人尊敬。

一　主观与心术

因主题所限，我们暂时放下历史研究的客观性，从历史记述、研究、撰述的主观性方面阐述"著述者之心术"的重要性。为何人们对历史的认识既有程度不同的共识，也各有自己不同的见解呢？为何对同一段历史、同一历史人物、同一历史事件，在不同专家学者的笔下呈现出不同的面貌？因为除了历史客观的因素外，存在史家或史学工作者程度不一的主观性。作为历史研究的主体，史家的气质、品性、责任，必然深刻影响着史学的基本面貌。其中的原因众多，在主观方面的以下几点值得注意。

其一，人们自身知识结构及学问的渊博程度，也就是刘知幾所言"学"的原因。"学"因人而异，有多寡之分。

其二，学者自身的思维、认知、表达能力，也就是刘知幾所言"才"的原因。"才"人人不同，有大小之分。

其三，学者自身对历史认识的深浅，也就是刘知幾所言"识"的原因。"识"虽有程度不同的共识，但人人各异，有深浅之别。

其四，自身记录、认识、研究、撰述历史或某一具体问题、事件、人物的动机、原则、宗旨不同。英国哲学家沃尔什曾将导致历史阐释非客观的种种因素概括为四类，即个人的好恶、集体的偏见、各种互相冲突的有关历史解说的学理、根本上的哲学对立。[①] 这四种因素让人们看到，研究主体的个人气质、角色背景、理论倾向、哲学假设等，对主体的干扰是如此强烈，也就使得历史研究具有难以避免的主观性。

其五，就"心术"而言，有至恶、恶、小恶、善恶兼具、无善无恶、小善、善、至善等不同情况。从中国历史著述传统来看，高明的历史研究，莫不是去恶扬善。第一，去己之恶，撰写信史。事实判断也是重要的价值判断，如刘知幾所说："史之为务，申以劝诫，树之风声，其有贼臣逆子，淫君乱主，苟直书其事，不掩其瑕，则秽迹彰于一朝，恶名被于千载。"[②] 第二，为今人和后人提供历史经验或教训借鉴。第三，为今人和后人提供历史智慧。第四，在社会和国家层面，为解决现实重大问题，推动社会发展，提供必要的学术支撑。这些方面都有利于世人把握自身，在创造现实和未来中少走不必要的弯路。由此，正视"著述

[①] 〔英〕沃尔什：《历史哲学导论》，何兆武、张文杰译，社会科学文献出版社1991年版，第100—104页。

[②] （唐）刘知幾著，（清）蒲起龙通释：《史通通释·直书》，上海古籍出版社2009年版，第179页。

者之心术",去己之恶,去人之恶,扬人之善,充分发挥历史研究的淑世功能,不仅具有重要的文化和学术意义,而且具有重要现实意义。

二 "求真"至关重要,但勿极端化,勿失"道心"

历史的真实、准确与否,事关历史学的根基和基础。因此,"求真"是历史研究的第一要务,至关重要。求得历史的真实,可以给予后人学习、研究、借鉴历史、奠定史实与史料基础。基础不真,对问题的认识和判断就出问题,对问题的把握就会不准确。进而言之,如果为世人提供的不是真实的历史,而是错误、虚构或篡改的历史,那么人们对历史也就失去信任,从而历史学也就将自己存在的价值取消,将自己的命运终结。中国古代史家"求实",是为了传存信史。近代新史学的倡导者梁启超也极力主张治史应以"求真"为前提。他认为:"夫吾侪治史,本非徒欲知有此事而止;既知之后,尚须对于此事运吾思想,骋吾批评。虽然,思想批评必须建设于实事的基础之上;而非然者,其思想将为枉用,其批评将为虚发。"① 因此,"求真"原则,是历史研究根本原则,事关历史研究是否建立在"真实"基础之上这一根本问题。

值得注意的是,客观的历史已经封存在历史的长河中,不增不减。历史是过往的现实,现实是未来的历史。虽然对客观历史记述的文字与阐释可以更改,而且因人而异,但它自身已无法更改。因此,真实的历史存在,但求得历史的全部真实,是一个高贵的梦想,可以无限接近,就是不可能完全求得。因为,这在现实中就不可能完全实现。

第一,不论是专家学者个人还是群体,能否真正全面认识自己呢?如果连自己都不能全面彻底认识,那么如何去全面彻底认识历史?

第二,从现实的个人到家庭、社会、政治、经济、军事、文化、外交、生态等周围的一切,能否全面、正确、彻底认识?如果亲眼所见、亲耳所听、亲身经历的现实都不能彻底、全面、真实认识,那么对间接

---

① 梁启超:《中国历史研究法》,中华书局2009年版,第119页。

认识的历史如何能彻底、全面认识，而求得其全部的真实？

第三，对现实中的同一人物、事件、事物等，不同的人有不同的认识；即使同一人物、事件、事物，同一个人在不同的年龄、职位、职业、角度，认识也有不同。那么，哪一个认识反映了全部真实？对历史的认识也是如此。对同一历史人物、历史事件、历史遗迹、历史文物等，不同的人有不同的认识；即使对同一历史人物、历史事件、历史遗迹、历史文物等，同一个人在不同的年龄、职位、职业、角度，认识也有所不同。就拿中国历史上的孔子来说，自他出生至今，尤其是在20世纪的百年中，人们对他的认识、评价全然不同，甚至截然相反。这是为何？谁对孔子的记述最真实？谁对孔子的认识最正确？不同人心目中的孔子，哪一个是真实全面的孔子？

所以"求真"贵在专家学者关注的主要问题所涉及的史实和史料是真实确证的，这种"真实"在历史链条、因果联系、事物发展过程仅占一小部分而已，而绝非全部。求得这一小部分的真实，是为了作者的问题与主题服务，避免"身在此山中，云深不知处"，深陷云海而迷失通往大道的方向。

在历史研究中有一种现象，把历史研究的对象看成是冷冰冰的毫无感情色彩的物质对象，一个好听的名字是"客观"，历史研究的任务就是追求"纯客观"，把人的历史人看成客观外在的自然物。这就导致研究者与研究对象之间的割裂。即研究者本身富有鲜活的生命和心灵，而把研究对象看成是没有情感、没有心灵的外在自然物。这种情况一方面导致历史研究与鲜活的历史和现实越来越远；另一方面，难以洞见历史的奥妙所在。第一，不论是对一个人的历史，还是对一个群体、一个民族、一个国家的历史，乃至人类全史，不论是我们前人，还是世人、后人都能毫无遗漏地记录下来吗？如果没有毫无遗漏地记录下来，如何达到所谓的全部"真实"和"纯客观"？第二，即使一个人、一个群体、一个民族、一个国家的历史，乃至人类全史被毫无遗漏地记录下来，不论对个体专家也好还是群体学者也罢，能读得完吗？即使能读得完，就能全部都读懂吗？如果不能，又如何达到所谓全部的"真实"和"纯客观"？第三，把研究对象堪称绝对客观的外在自然物，这本身就不客观，因为历史是人的实践活动的历史，而且每个历史中的人的生命都是鲜活的，心灵是跃动的。第四，过去先人的鲜活生命和心灵的跃动，以及他们与外境互动的过程及结果，也有丰富多彩的、变化各异的生命形态、文化形态、历史形态。正是芸芸众生包括帝王将相、才子佳人等具体人物，及其具体心念、心态、思想、观念、行为的交互作用，导致了历史的变迁和历史在不同时代的不同模样：或进步，或倒退，或止步不前，或连年战争，灾难丛生等。从具体互动中，我们才会发现真实生动的历史经验、教训、智慧；才会发现历史中那些影响持久的力量，如文化力量。第五，过去的历史，过去的人物，虽然生命已逝，却以另一种方式生活在后人的生命中。例如，端午节对屈原的纪念，清明节对先人的缅怀，本身就说明屈原或先人以别样的方式依然生活在我们心中，他们绝不是冷冰冰的，毫无情感的外在自然物。这也就说明了过去和现在的一体性，而非割裂性；说明我们人本身，无法完全告别过去，过去以其特有的方式和我们生活在一起。

自古至今，人类社会形成的各种知识，都是人对客观事物与对自身活动的认识。因此，尽管历史是客观的，但不能不注意"人"这一变动不一的因素。过往发生的历史是客观的，但人们对历史的认识、理解、阐释、撰述等则是主观与客观的融合体。若主观成分偏多，甚至不断减少客观的成分，使客观的历史完全成为主观物，那么撰写的历史则成虚文，难以令人相信。但若想在历史的记载、认识、理解、阐释、撰述中完全摒除主观，以达纯客观，这也是不可能的。不论对一个学者而言，还是对一群学者而言，都是如此。对此，我们要学习古人，避免主观与客观二元对立的思维与观点来分析认识历史。追求"真实"的历史就好，"如实直书"就好，因为"真实"本身是主客观的融合，而非人为将主客观对立的表达。

因此，我们强调"求真"是历史研究的第一重要，是史学研究的基础，但不能走极端，将史料学等同于史学，把求真当成史学的唯一要务。"求真"是为了说明问题，为主旨服务。尽管个体学者完全可以以"求真"为治学旨趣，甚至将毕生的精力奉献于"求真"，这无可厚非。但作为整体的历史研究，却不能迷失于浩繁史料之中，甚至将史学碎片化。世界万象迷人眼，显理明道淑世间。尽管不同专家学者研究的问题、主题、主旨各有不同，但从中国历史著述传统看，最为珍贵者，无不是基于史实，启发"人心"，彰显"道心"。

三 如何秉持和彰显"道心"？

圣贤之学直指人生、群体、社会大道，这就是众多经典被称为"经"的原因。经者，纹路也，引申为大道。道有正道善道，也有邪道恶道，遵行正道善道导致善果，践行邪道恶道导致恶果。人类的各大文明，尤其是以儒释道为主体的中华文明，都在弘扬善道，贬斥恶道。具体有四：情系大道正道的发心及践行；区别正道邪道的见识；避免迷失大道正道的智慧；如何依道而行并最终成功的经验。以历史著述而论，在中华文化及历史传统中，不论是大德圣贤，还是著名的史学家，无不启发人心，倡导"道心"，富有淑世情怀。他们著书立说的目的，无不是褒奖真善美，贬斥假恶丑，从而启迪人们追求前者，避免后者。

第一，撰写信史，去人之恶，扬人之善，淑世安邦。善恶是古今中外人文学术中的永恒主题，因为它事关人乃至人类自身存在的价值与意义，以及人们实实在在的生活状况，生命状态。因此，善恶问题是人文学术中最基本的不可忽略的内容，是历史研究的一个中心问题。

第二，显理。理，主要指某一事物演进的理路。历史研究不仅要知其然，而且要知其所以然。显理，就是揭示出事实中蕴含的内在理路，阐释历史现象之间的内在关联及其本质属性。正如马克思所说："研究必须充分地占有材料，分析它的各种发展形式，探这些形式的内在联系。"[①]

[①] 《马克思恩格斯文集》第 5 卷，人民出版社 2009 年版，第 21—22 页。

对事物内在理路、内在逻辑的认识，自人类社会诞生以来所形成的知识体系，就是很好的例证和说明。"知识总是由片断的积累而逐步形成系统性，知识的系统化过程是持续的、不断组合与分流的进程，但总会存在着非系统性知识与系统性知识的区别，系统性知识不同于零散、片断的知识，是把握了知识各部分内容的内在联系，一定程度上认识到了其相关事物的本质及其演化规律。"① 这个内在的联系，可理解为内在的逻辑、路径、理路。知识的积累升华成为多种系统性的知识体系，这是人类社会宝贵的文化财富。自然科学如此，人文科学也如此。

值得注意的是，对"理"的认识，也有主观的成分存在，但在即定的条件下的事物，有一种最优的逻辑、路数。追求这个最优化的路数内理，就是高明高深的认识。这点在自然科学尤其是物理的研究上表现得更为显明。这里的问题是，"既定条件"是假定不变的，一旦事物的条件一变，路数乃至最优路数自然而变，其中最捉摸不定的因素就是天、人、人心。例如，同样是修身齐家、治理江山，不同的人，方式、方法、心胸、心态等的不同，路数也就不同，结果也就有了天壤之别。由此，也可以看出人心在为人处世、国家治理、创造历史中的重要作用。因此，"理"本身具有相当的主观性，绝非铁定的规律。事理随着具体的人事和具体的因缘变化而变化，如何具体把握，则显示出人的智慧。对历史研究及撰述而言，则显示出"心术"的高下。

再者，"理"是具体的，不同事物各存其理，同时对"理"的解读，又因人而异，有深浅高下之别，尤其是人文知识。理有万千种，事无限，理亦无限。同时，受人的认知能力所限，及自我执着所困，往往婆说婆有理，最终难成一致。事理，事理要符合人正道善道，偏离正道善道，则成歪理邪说而造恶于世间。因此，在"理"的认识上还需要继续向上升华，这就是"道"。现在之学术，多失语于大道正道，而迷失于事理的纠结与探讨。殊不知，道为理之根本。如果不能从"理"

---

① 乔治忠：《论中国史学史的学术体系》，载瞿林东主编《史学理论与史学史学刊》（2002年卷），社会科学文献出版社2003年版，第89页。

升华为"道",那么就有可能将史学落入"术"的境况,从而失去其最能体现思想和人文的部分。

第四,明道。"道"者,由人行之路,引申为人生所行之路,进而延伸至天道、地道、人道。对此,表述最为明确、具体者,当为《大学》"三纲领""八条目",即"明明德—亲民—止于至善""格物—致知—正心—诚意—修身—齐家—治国—平天下"。进而儒释道相结合,在"明明德""格物"处继续向后延伸,即"自觉"圆满;在"至善""平天下"处继续向前升华,即"觉他"圆满。尽管儒释道经典及后人注解用词不同,表达各异,但主要都是在这些地方不同层面、不同程度地展开。

历史研究及著述显理明道的根本主旨,在于解决世间的种种问题,去除人们的种种苦难,使得国泰民安,天下太平。显理明道,是为了社会的人们以道而行,造福自身造福社会,绝非仅仅文字层面的自言自语。曾巩提出"道必足以适天下之用"[1],就是此理。从中华文化及历史传统来看,基于具体生动的实例,深入浅出将"道"展示给世人,使他们能够了悟或洞见史实背后的经验教训、智慧哲理,从而创造更美更善的人生,利于国泰民安,天下太平。这是"著述者之心术"最高贵之处,也是学术乃至"国家之公器"的根本所在。

历史所蕴含的经验教训,痛苦欢乐,成功曲折,都是我们创造未来历史的宝贵财富。同时,通过历史的经验、教训、智慧,有助于人们自净其意,防恶止非、明德至善,格致诚正、修齐治平。《周易》"观乎人文,以化成天下",可谓是这种精神的典型表达。一时代有一时代之思想,一时代有一时代之学问。学问的探索与争鸣,都是对时代主题和任务的回应。当前,史学研究正迅速回归中国本土,深入探究中国本土历史和优秀传统文化的深层价值,提炼中国思想、中国史观、中国话语、中国智慧,为国泰民安、民族复兴、世界和平提供智力支持和文化

---

[1] 朱国富、谢若水整理:《曾巩集·南齐书序》,第145页。

支撑。虽然当今学界诸多学者对这些问题多有论述，也尽管国家提出构建中国特色的哲学社会科学学科体系、学术体系、话语体系，但这些问题的解决还只是初步，尚待学界同人的进一步共同努力。本书以史"问道"，直指人心，直指历史研究所忽略的人及人心问题，目的也是尽一份绵薄之力。

参考文献

经典文献

《马克思恩格斯选集》,人民出版社 2012 年版。

《马克思恩格斯文集》,人民出版社 2009 年版。

《毛泽东选集》,人民出版社 1991 年版。

胡锦涛:《坚定不移沿着中国特色社会主义道路前进 为全面建成小康社会而奋斗——在中国共产党第十八次全国代表大会上的报告》,人民出版社 2012 年版。

习近平:《之江新语》,浙江人民出版社 2007 年版。

习近平:《决胜全面建成小康社会 夺取新时代中国特色社会主义伟大胜利——在中国共产党第十九次全国代表大会上的报告》,人民出版社 2017 年版。

习近平:《论坚持推动构建人类命运共同体》,中央文献出版社 2018 年版。

习近平:《在庆祝中国共产党成立 100 周年大会上的讲话》,人民出版社 2021 年版。

中共中央文献研究室编:《习近平关于实现中华民族伟大复兴的中国梦论述摘编》,中央文献出版社 2013 年版。

中共中央文献研究室编:《习近平关于社会主义文化建设论述摘编》,中央文献出版社 2017 年版。

中共中央文献研究室编:《十八大以来重要文献选编》(上中下),中央文献出版社 2018 年版。

中共中央文献研究室编：《十九大以来重要文献选编》（上），中央文献出版社 2019 年版。

中共中央文献研究室编：《十九大以来重要文献选编》（中），中央文献出版社 2021 年版。

古籍

（汉）班固：《汉书》，中华书局 1962 年版。

（汉）董仲舒：《春秋繁露》，周桂钿译注，中华书局 2011 年版。

（汉）司马迁：《史记》，中华书局 1982 年版。

（汉）许慎：《说文解字》，岳麓书社 2006 年版。

（汉）荀悦：《汉纪》，中华书局 2002 年版。

（汉）郑玄注，（唐）孔颖达疏：《十三经注疏》，李学勤主编，北京大学出版社 1999 年版。

（魏）王弼注，楼宇烈校释：《老子道德经注》，中华书局 2016 年版。

（晋）陈寿：《三国志》，中华书局 1982 年版。

（晋）僧肇：《肇论校释》，张春波校释，中华书局 2010 年版。

（唐）房玄龄：《晋书》，中华书局 1974 年版。

（唐）李翱撰：《李翱文集校注》，郝润华等校注，中华书局 2021 年版。

（唐）刘知幾撰，（清）浦起龙通释：《史通通释》，上海古籍出版社 1978 年版。

（唐）柳宗元：《柳河东全集》，中国书店 1991 年版。

（唐）虞世南著，陈虎译注：《帝王略论》，中华书局 2008 年版。

（宋）程颢、程颐著：《二程集》，王孝鱼点校，中华书局 1981 年版。

（宋）黎靖德编：《朱子语类》，王星贤点校，中华书局 2020 年版。

（宋）司马光撰，李文泽等点校：《司马光集》，四川大学出版社 2010 年版。

（宋）司马光：《资治通鉴》，中华书局 1956 年版。

（宋）张载：《张载集》，中华书局 1978 年版。

（宋）朱熹：《四书章句集注》，中华书局 2011 年版。

（宋）朱熹：《朱子全书》，上海古籍出版社、安徽教育出版社 2002 年版。

（元）脱脱等撰：《金史》，中华书局 1975 年版。

（元）脱脱等撰：《宋史》，中华书局 1977 年版。

（明）刘宗周：《刘宗周全集》，浙江古籍出版社 2012 年版。

（明）王守仁：《王阳明全集》，吴光等编校，上海古籍出版社 2011 年版。

（清）戴名世：《南山集》，文海出版社有限公司 1988 年版。

（清）清国史馆臣编：《清史列传》，中华书局 1987 年版。

（清）阮元校刻：《十三经注疏》，中华书局 1980 年版。

（清）王夫之：《读通鉴论》，中华书局 2013 年版。

（清）王聘珍：《大戴礼记解诂》，中华书局 1983 年版。

（清）章学诚：《文史通义》，叶瑛校注解，中华书局 1985 年版。

（清）章学诚著，仓修良编注：《文史通义新编新注》，浙江古籍出版社 2005 年版。

（清）赵尔巽：《清史稿》，中华书局 1977 年版。

《墨子》，高秀昌译注，中州古籍出版社 2008 年版。

饶尚宽译注：《老子》，中华书局 2016 年版

杨寄林译注：《太平经》，中华书局 2013 年版。

周振甫译注：《周易译注》，中华书局 2013 年版。

《庄子》，孙海通译注，中华书局 2007 年版。

近现代著作

卜宪群主编：《习近平新时代治国理政的历史观》，中国社会科学出版社 2019 年版。

陈来：《宋明理学》，北京大学出版社 2020 年版。

陈来：《有无之境：王阳明哲学的精神》，北京大学出版社 2013 年版。

陈其泰主编：《中国马克思主义史学的理论成就》，国家图书馆出版社 2008 年版。

传奇翰墨编委会编：《毁灭启示录：它们正在灭绝》，北京理工大学出版社 2011 年版。

邓广铭：《岳飞传》，生活·读书·新知三联书店 2007 年版。

邓文宽校注：《敦煌〈坛经〉读本》，辽宁教育出版社 2005 年版。

杜维明：《否极泰来：新轴心时代的儒家资源》，北京大学出版社 2016 年版。

杜维明：《否极泰来：新轴心时代的儒家资源》，北京大学出版社 2016 年版。

杜维运：《变动世界中的史学》，北京大学出版社 2006 年版。

杜维运、黄俊杰编：《史学方法论文选集》，华世出版社 1977 年版。

杜维运：《史学方法论》，北京大学出版社 2006 年版。

范文澜：《中国通史简编》（修订本），人民出版社 1964 年版。

冯友兰：《中国哲学简史》，新世界出版社 2004 年版。

傅斯年：《史学方法导论》，中国人民大学出版社 2004 年版。

傅治平：《天人合一的生命张力：生态文明与人的发展》，国家行政学院出版社 2016 年版。

高平叔编：《蔡元培全集》，中华书局 1988 年版。

广东新兴国恩寺编：《〈六祖坛经〉研究》，中国大百科全书出版社 2003 年版。

桂遵义：《马克思主义史学在中国》，山东人民出版社 1992 年版。

郭沫若：《中国古代社会研究》，商务印书馆 2011 年版。

郭圣铭编著：《西方史学史概要》，上海人民出版社 1983 年版。

弘一：《李叔同全集》第 1 册，哈尔滨出版社 2014 年版。

侯云灏：《20 世纪中国史学思潮与变革》，北京师范大学出版社 2007 年版。

胡适：《20世纪佛学经典文库胡适卷》，武汉大学出版社2008年版。

胡适辑：《神会和尚遗集》，上海亚东图书馆1931年版。

胡适口述，唐德刚译注：《胡适口述自传》，广西师范大学出版社2005年版。

胡适：《中国佛教史》，华东师范大学出版社2015年版。

胡适著，耿云志、宋广波编：《胡适书信选》，外语教学与研究出版社2012年版。

季隆武：《千古悲摧帝王侯——海昏侯刘贺的前世今生》，二十一世纪出版社集团2016年版。

翦伯赞：《历史哲学教程》，生活·读书·新知三联书店2014年版。

江灿腾：《新视野下的台湾近现代佛教史》，中国社会科学出版社2006年版。

江西晨报编著：《发现海昏侯》，江西教育出版社2015年版。

瞿林东主编：《20世纪中国史学发展分析》，北京师范大学出版社2009年版。

瞿林东主编：《中国古代历史理论》，安徽人民出版社2011年版。

黎澍：《再思集》，中国社会科学出版社1985年版。

《李大钊全集》，河北教育出版社1999年版。

李剑鸣：《历史学家的修养和技艺》，上海三联书店2007年版。

李申编：《儒教敬天说》，国家图书馆出版社2009年版。

李守常：《史学要论》，商务印书馆2000年版。

李永峰等主编：《生态伦理学教程》，哈尔滨工业大学出版社2017年版。

李振宏：《当代史学平议》，社会科学文献出版社2015版。

梁启超：《中国历史研究法》，中华书局2009年版。

林甘泉等：《中国古代史分期讨论五十年》，上海人民出版社1982年版。

刘寅生等编校：《何炳松论文集》，商务印书馆1990年版。

刘志琴：《千古文章未尽才》，中国人民大学出版社2012年版。

楼宇烈：《中国的品格》，四川人民出版社2015年版。

楼宇烈：《中国文化的根本精神》，中华书局2016年版。

卢风等：《生态文明：文明的超越》，中国科学技术出版社2019年版。

罗新慧：《20世纪中国古史分期问题论辩》，百花洲文艺出版社2004年版。

闵凡祥、张树剑主编：《天行：人类历史进程中的50场瘟疫》，江苏凤凰科学技术出版社2020年版。

明洁、明尧编校：《禅宗六代祖师传灯法本》，中州古籍出版社2009年版。

牟宗三：《历史哲学》，广西师范大学出版社2007年版。

牟宗三：《心体与性体》，上海古籍出版社1999年版。

牟宗三：《政道与治道》，广西师范大学出版社2006年版。

彭卫：《走进历史的原野——史学续论》，中国社会科学出版社2017年版。

齐思和：《齐思和史学概论讲义》，天津古籍出版社2007年版。

钱穆：《国史新论》，生活·读书·新知三联书店2005年版。

钱穆：《灵魂与心》，广西师范大学出版社2004年版。

钱穆：《现代中国学术论衡》，生活·读书·新知三联书店2005年版。

钱穆：《中国历史研究法》，生活·读书·新知三联书店2005年版。

钱穆：《中国史学名著》，生活·读书·新知三联书店2005年版。

钱穆：《中国思想通俗讲话》，生活·读书·新知三联书店2002年版。

乔治忠：《中国史学史》，中国人民大学出版社2011版。

石磊编：《儒教天道观》，国家图书馆出版社2010年版。

释明生主编：《六祖坛经研究集成》，金城出版社2012年版。

谭宇权：《胡适思想评论》，文津出版社1996年版。

汤用彤：《汉魏两晋南北朝佛教史》，商务印书馆2017年版。

唐德刚：《史学与红学》，广西师范大学出版社2006年版。

唐凯麟主编：《西方伦理学名著提要》，江西人民出版社2000年版。

汪荣祖：《史传通说》，中华书局1989年版。

汪荣祖：《史家陈寅恪传》，北京大学出版社2005年版。

王尔敏：《20世纪非主流史学与史家》，广西师范大学出版社2007年版。

王尔敏：《史学方法》，广西师范大学出版社2005年版。

王晴佳：《西方的历史观念——从古希腊到现代》，华东师范大学出版社2002年版。

王孺童编校：《〈坛经〉诸本集成》，宗教文化出版社2014年版。

王旭东、孟庆龙：《世界瘟疫史》，中国社会科学出版社2005年版。

王学典：《把中国"中国化"》，上海人民出版社2017年版。

王学典、陈峰编：《二十世纪中国史学史论》，北京大学出版社2010年版。

王学典主编：《史学引论》，北京大学出版社2008年版。

吴承笃：《天人合一：齐鲁文化与中国生态哲学》，山东人民出版社2017年版。

吴怀琪：《中国史学思想史》，商务印书馆2007年版。

吴怀琪主编：《中国史学思想会通》（16卷本），福建人民出版社2018年版。

吴怀琪主编：《中国史学思想通论》，福建人民出版社2011年版。

吴怀琪主编：《中国史学思想通史》，黄山书社2005年版。

武斌：《人类瘟疫的历史与文化》，吉林人民出版社2003年版。

武斌：《瘟疫与人类文明的进程》，山东人民出版社2020年版。

肖黎主编：《20世纪中国史学重大问题论争》，北京师范大学出版社2007年版。

熊十力：《熊十力别集》，中国人民大学出版社2006年版。

徐焰：《战争与瘟疫》，人民出版社2014年版。

许冠三：《新史学九十年》，岳麓书社2003年版。

许嘉璐：《为了中华为了世界：许嘉璐论文化》，中国社会科学出版社2017年版。

许倬云：《从历史看人物》，广西师范大学出版社2007年版。

宣化上人：《宣化上人开始录》，宗教文化出版社2015年版。

阎崇年：《袁崇焕传》，中华书局2005年版。

杨大路编著：《震惊后世的骇人天灾：恐怖大瘟疫》，江西教育出版社2016年版。

杨红林编著：《历史上的大瘟疫》，中国发展出版社2007年版。

杨华丽：《"打倒孔家店"研究》，人民出版社2014年版。

杨曾文校写：《新版敦煌本六祖坛经》，宗教文化出版社2001年版。

叶金编著：《人类瘟疫报告：非常时刻的人类生存之战》，海峡文艺出版社2003年版。

印光：《印光法师文钞全集》，团结出版社2013年版。

印光：《印光法师文钞》（全七册），巴蜀书社2016年版。

印顺：《中国禅宗史》，中华书局2010年版。

于文善：《抗战时期重庆马克思主义史学研究》，中国社会科学出版社2013年版。

余池明编著：《印光法师年谱》，巴蜀书社2015年版。

余谋昌等主编：《环境伦理学》，高等教育出版社2004年版。

张岱年主编：《伦理中国：中华六家道德学说精要》，中国书籍出版社2019年版。

张二远编：《天命人性论》，国家图书馆出版社2013年版。

张广智：《西方史学史》，复旦大学出版社2000年版。

张广智主编：《20世纪中外史学交流》，北京师范大学出版社2007年版。

张江主编：《建设新时代社会主义文化强国》，中国社会科学出版社2019年版。

张曼涛主编：《六祖坛经研究论集》，大乘文化出版社1976年版。

张岂之：《张岂之谈中国优秀传统文化》，江苏人民出版社2019年版。

张田勘、宋立新：《疫病简史：小角色的大杀伤力》，中国青年出版社2003年版。

刘勇、李春雨主编：《新文化运动与传统文化》，安徽大学出版社2016版。

张云飞：《天人合一：儒道哲学与生态文明》，中国林业出版社2019年版。

章清：《胡适评传》，百花洲文艺出版社2015年版。

郑永年：《保卫社会》，浙江人民出版社2011年版。

郑永年：《通往大国之路：中国知识的重建和文明复兴》，东方出版社2012年版。

郑永年：《亚洲新秩序》，广东人民出版社2018年版。

郑永年：《中国的文明复兴》，东方出版社2018年版。

郑永年：《中国的知识重建》，东方出版社2018年版。

郑永年：《重建中国社会》，东方出版社2016年版。

中国历史研究院本书编写组编：《习近平论历史科学》内部交流本，2020年版。

中国史学会秘书处编：《中国史学会五十年》，海燕出版社2004年版。

周建漳：《历史及其理解和解释》，社会科学文献出版社2005年版。

周明主编：《历史在这里沉思——1966—1976年纪实》，华夏出版社1987年版。

周绍良：《敦煌写本〈坛经〉原本》，文物出版社1997年版。

译著

［波］耶日·托波尔斯基：《历史学方法论》，张家哲等译，华夏出版社1990年版。

［丹］S. E. 约恩森：《生态系统生态学》，曹建军等译，科学出版社2017年版。

［德］奥斯瓦尔德·斯宾格勒：《西方的没落》，齐世荣等译，群言出版社2016年版。

［德］德罗伊森：《历史知识理论》，胡昌智译，北京大学出版社2006年版。

［德］黑格尔：《哲学史讲演录》，贺麟等译，商务印书馆1959年版。

［德］孔汉思：《世界伦理手册》，邓建华、廖恒译，生活·读书·新知三联书店2012年版。

［德］伊格尔斯：《二十世纪的历史学——从科学的客观性到后现代的挑战》，何兆武译，辽宁教育出版社2003年版。

［德］伊曼努尔·康德：《道德形而上学原理》，苗力田译，上海人民出版社2005年版。

［法］帕特里克·德韦弗：《地球之美》，［法］让－费朗索瓦·布翁克里斯蒂亚尼绘，新星出版社2017年版。

［法］孟德斯鸠：《罗马盛衰原因论》，许明龙译，商务印书馆2016年版。

［美］查尔斯·L. 坎默：《基督教伦理学》，王苏平译，苑利均校，中国社会科学出版社1994年版。

［美］大卫·雷·格里芬：《空前的生态危机》，周邦宪译，华夏出版社2017年版。

［美］道格拉斯·诺斯、罗伯斯·托马斯：《西方世界的兴起》，厉以平、蔡磊译，华夏出版社2017年版。

［美］霍华德·马凯尔：《瘟疫的故事》，罗尘译，上海社会科学院出版社2003年版。

［美］贾雷德·戴蒙德：《枪炮、病菌与钢铁：人类社会的命运》（修订版），谢延光译，上海译文出版社2016年版。

［美］柯林武德：《历史的观念》，何兆武、张文杰译，商务印书馆1997年版。

［美］林毓生：《中国意识的危机——"五四"时期激烈的反传统主

义》，穆善培译，贵州人民出版社 1986 年版。

［美］洛伊斯·N. 马格纳：《传染病的文化史》，刘学礼主译，上海人民出版社 2019 年版。

［美］曼库尔·奥尔森：《国家兴衰探源》，吕应中等译，商务印书馆 1999 年版。

［美］内森·沃尔夫：《病毒来袭：如何应对下一场流行病的爆发》，沈捷译，浙江人民出版社 2014 年版。

［美］塞缪尔·亨廷顿：《文明冲突和世界秩序重建》（修订版），周琪等译，新华出版社 2010 年版。

［美］斯塔夫里阿诺斯：《全球通史：从史前史到 21 世纪》，吴象婴等译，北京大学出版社 2006 年版。

［美］唐纳德·霍普金斯：《天国之花：瘟疫的文化史》，沈跃明、蒋广宁译，上海人民出版社 2006 年版。

［美］威廉·麦克尼尔：《瘟疫与人》，余新忠、毕会成译，中信出版社 2018 年版。

［美］小曼努埃尔·C. 莫里斯：《认识生态》，孙振钧译，科学技术文献出版社 2019 年版。

［美］约翰·杜威：《评价理论》，冯平、余泽娜等译，上海译文出版社 2007 年版。

［日］忽滑谷快天：《中国禅学思想史》，朱谦之译，上海古籍出版社 2002 年版。

［日］铃木大拙：《禅学随笔》，中国台湾五南图书出版股份有限公司 2018 年版。

［日］柳田圣山：《六祖坛经诸本集成》，（京都）中文出版社 1976 年版。

［日］柳田圣山：《中国禅思想史》，中国台湾商务印书馆股份有限公司 1992 年版。

［日］柳田圣山主编：《胡适禅学案》，中国台湾正中书局 1975 年版。

［意］贝奈戴托·克罗齐：《历史学的理论和实际》，傅任敢译，商务印书馆1997年版。

［英］阿若德·汤因比：《历史研究》，刘北城、郭小凌译，上海人民出版社2005年版。

［英］保罗·肯尼迪：《大国的兴衰》，王保存等译，中信出版社2013年版。

［英］弗朗西斯·艾丹·加斯凯：《黑死病（1348—1349）：大灾难、大死亡与大萧条》，郑中求译，华文出版社2019年版。

［英］玛丽·道布森：《疾病图文史：影响世界历史的7000年》，苏静静译，金城出版社2016年版。

［英］普拉提克·查克拉巴提：《医疗与帝国》，李尚仁译，社会科学文献出版社2019年版。

［英］乔纳森·贝利、萨姆·威尔斯：《濒危：我们与它们的未来》，［英］蒂姆·弗拉克摄影，［美］林肯译，天津人民出版社2019年版。

［英］沃尔什：《历史哲学导论》，何兆武、张文杰译，社会科学文献出版社1991年版。

文章

陈峰：《传统史学与中国马克思主义史学范式的构建》，《天津社会科学》2022年第1期。

陈峰、董彩云：《"革命学术"与"学术革命"：共和国初期人文学术转型的双重解读》，《山东社会科学》2022年第4期。

陈先达：《文化自信是实现中华民族伟大复兴的精神基石》，《求是》2017年第9期。

单少杰：《〈伯夷列传〉中的公正理念和永恒理念》，《中国人民大学学报》2005年第6期。

高希中：《道德标准于当今史学之意义》，《学术论坛》2007年第2期。

郭震旦：《音调难定的本土化——近年来若干相关问题述评》，《清华大学学报》（哲学社会科学版）2019年第1期。

黄俊杰：《中国历史思维的特征》，《史学理论研究》2013年第2期。

瞿林东：《理论研究与学科体系》，《史学理论研究》2017年第2期。

瞿林东：《宋人史料笔记撰述的旨趣》，《天津社会科学》2016年第4期。

李红岩：《中国马克思主义史学思想概说》，《史学理论研究》2016年第1期。

李孝迁：《"红色史学"：范文澜〈中国通史简编〉新论》，《中共党史研究》2018年第11期。

廖永祥：《〈新华日报〉与〈甲申三百年祭〉》，《郭沫若学刊》1994年第2期。

林国华、陈峰：《论延安时期史学机构的产生、沿革及特点》，《山东大学学报》（哲学社会科学版）2006年第3期。

罗新慧：《"中国古代社会性质的再研究"笔谈》，《中国史研究动态》2021年第3期。

罗义俊：《当代关于〈坛经〉作者的一场争论——兼评胡适禅宗研究方法上的若干失误》，《世界宗教研究》1986年第4期。

乔治忠：《20世纪30年代中国社会史论战问题探实》，《天津社会科学》2014年第5期。

乔治忠：《试论史学理论学术体系的建设》，《中国史研究》2017年第2期。

王东、王兴斌：《二十世纪上半期的中国马克思主义史学》，《历史教学问题》2005年第5期。

王继平、董晶：《文化抗战视野下的中国马克思主义史学贡献》，《史学理论研究》2021年第3期。

王继平：《论近代中国的文化虚无主义——中国近代文化思潮剖析之三》，《湘潭大学学报》（哲学社会科学版）1997年第4期。

王学典：《全党工作重心的第四次转移与文化自信的提出》，《济南大学学报》（社会科学版）2022年第1期。

王学典：《中国当代史学思想的基本走向——就〈二十世纪后半期中国史学主潮〉答客问》，《文史哲》1996年第6期。

王子今：《海昏侯故事与豫章接纳的移民》，《文史知识》2016年第3期。

吴泽：《大革命失败后中国社会性质革命性质及社会史问题论战研究（续）》，《社会科学辑刊》1990年第2期。

徐向红：《孔子与儒家文化的研究与传播——学习习近平总书记在山东曲阜孔子研究院视察时的讲话精神》，《戏剧丛刊》2014年第1期。

许嘉璐：《卸下镣铐跳舞——中国哲学需要一场革命》，《文史哲》2009年第5期。

于沛：《〈史学理论研究〉三十年：构建马克思主义史学理论新形态的三十年》，《史学理论研究》2017年第2期。

张岱年等：《批判民族文化虚无主义 建设社会主义新文化——"如何正确对待中国传统文化"学术座谈会发言摘编》，《高等理论战线》1991年第1期。

张梅：《以史为桥 沟通哈佛与中国——访哈佛大学副教务长包弼德教授》，《华中科技大学学报》（社会科学版）2016年第4期。

左玉河：《中国社会史论战与马克思主义史学的崛起》，《历史研究》2022年第2期。

报纸

习近平：《把培育和弘扬社会主义核心价值观作为凝魂聚气强基固本的基础工程》，《人民日报》2014年2月26日第1版。

习近平：《建设社会主义文化强国 着力提高国家文化软实力》，《人民日报》2014年1月1日第1版。

习近平：《牢记历史经验历史教训历史警示 为国家治理能力现代化提供

有益借鉴》，《人民日报》2014年10月14日第1版。

习近平：《青年要自觉践行社会主义核心价值观——在北京大学师生座谈会上的讲话》，《人民日报》2014年5月5日第2版。

习近平：《认真贯彻党的十八届三中全会精神 汇聚起全面深化改革的强大正能量》，《人民日报》2013年11月29日第1版。

习近平：《深化文明交流互鉴 共建亚洲命运共同体——在亚洲文明对话大会开幕式上的主旨演讲》，《人民日报》2019年5月16日第2版。

习近平：《在纪念孔子诞辰2565周年国际学术研讨会暨国际儒学联合会第五届会员大会开幕会上的讲话》，《人民日报》2014年9月25日第2版。

习近平：《在联合国教科文组织总部的演讲》，《人民日报》2014年3月28日第3版。

习近平：《在庆祝澳门回归祖国15周年大会暨澳门特别行政区第四届政府就职典礼上的讲话》，《人民日报》2014年12月21日第2版。

习近平：《在文艺工作座谈会上的讲话》，《人民日报》2015年10月15日第4版。

习近平：《在哲学社会科学工作座谈会上的讲话》，《人民日报》2016年5月19日第2版。

习近平：《在知识分子、劳动模范、青年代表座谈会上的讲话》，《人民日报》2016年4月30日第2版。

习近平：《在中国文联十大、中国作协九大开幕式上的讲话》，《人民日报》2016年12月1日第1版。

《习近平给〈文史哲〉编辑部全体编辑人员回信》，《人民日报》2021年5月11日第1版。

《习近平同希腊总统帕夫洛普洛斯会谈》，《人民日报》2019年5月15日第1版。

《习近平致第二十二届国际历史科学大会的贺信》，《人民日报》2015年8月24日第1版。

《习近平致甲骨文发现和研究 120 周年的贺信》，《人民日报》2019 年 11 月 3 日第 1 版。

《习近平致仰韶文化发现和中国现代考古学诞生 100 周年的贺信》，《人民日报》2021 年 10 月 18 日第 1 版。

《习近平致中国社会科学院中国历史研究院成立的贺信》，《人民日报》2019 年 1 月 4 日第 1 版。

《关于实施中华优秀传统文化传承发展工程的意见》，《人民日报》2017 年 1 月 26 日第 6 版。

《关于推进新时代古籍工作的意见》，《人民日报》2022 年 4 月 12 日第 1 版。

《坚定文化自信把握时代脉搏聆听时代声音 坚持以精品奉献人民用明德引领风尚》，《人民日报》2019 年 3 月 5 日第 1 版。

瞿林东：《"事无纤巨，善恶足为鉴诫"——宋人史料笔记的惩劝作用》，《北京日报》2017 年 2 月 6 日第 15 版。

李国强：《奋进新时代中国史学繁荣发展新征程》，《中国社会科学报》2022 年 5 月 18 日第 2 版。

穆青、郭超人、陆拂为：《历史的审判》，《人民日报》1981 年 1 月 27 日第 3 版。

王学典：《把中国"中国化"——人文社会科学的转型之路》，《中华读书报》2016 年 9 月 21 日第 5—6 版。

王学典：《迎接第三次学术大转型》，《中华读书报》2022 年 5 月 4 日第 4 版。

《中办国办印发〈"十四五"文化发展规划〉》，《人民日报》2022 年 8 月 17 日第 1 版。

后　　记

　　本书主要基于多年来未成形文字和未成熟的思考整合而成，所以不敢称书名为"研究"，只是自己浅薄"探索"的心得而已。本书所列内容主要来源于两个方面。一是历年所存的部分积稿，将其中较为成型的部分，稍加丰富完善收入本书；二是少数已发文章的修订稿，或删节前原稿。这次在成稿过程中则进一步将思路或内容补充、丰富和完善。不论是对于"问道"，还是"中华文化与历史理论"这些宏大的题目，即使付出今生全部的精力都难以探讨全面、深入，何况在这琐事缠身的短短数年。本书的出发点对此也有尝试的意味，但这种尝试只是粗浅的。因此，本书在系统性、深刻性、逻辑性、全面性上非常欠缺，在此向学界前辈及同人深表歉意，这也是鄙人未来努力的方向。

　　不论是由于懵懂无知、学识浅薄，还是由于外境强大，无能为力，人生路上总难免曲曲折折。所以，我要感恩那些在人生路上帮助、启发、鼓励、鞭策过我的所有恩人们。

　　感恩导师乔治忠先生、王学典先生、徐兆仁先生，以及师姐杨艳秋对我的关怀备至、悉心指导、大力鼎助。他们浩然的品格、深邃的思想、满腔的激情、严谨的治学等，一直深深感染着我、影响着我、也塑造着我。当然，由于自己才薄学浅，用功不够，深感研究不够系统深入，对诸位先生实在汗颜之至。恩重如山，我将加倍努力。

　　感恩我的姐姐高立荣等所有的家人。为了支持我的学业，多年来他们一直以力所能及的心力包容我、理解我、支持我。没有他们的包容、理解和支持，脚下的路会更为艰难。家父于 2009 年 12 月 9 日驾鹤仙去，他和他的精神依旧鼓励着我不断前行。对家父我充满无限的怀念，虽然天人相隔，但他从未远去，他永远活在我的心中。

在求学过程中，我不时沐浴着友谊的阳光，它帮我走过一道又一道沟沟坎坎，助我渡过一个又一个的难关。诚挚感恩徐义华兄、黄玮兄、陈峰兄、扈继增兄等那些关心、支持和帮助过我的亲友、同学。

感恩山东大学、中国人民大学、南开大学、中国社会科学院等大学、院所对我的培养，它们为我提供了良好的学习条件和学习环境，使我不断成长、成熟和进步。

最后感恩中国社会科学出版社马明兄热情的鼓励和细心的帮助。如果没有他的鼓励和帮助，本书不知还要再拖多久。

"路漫漫其修远兮，吾将上下而求索"，以本书作为回报令我感动、感激和感恩的人们。

高希中
2023 年 3 月